유치원 어린이집 선택 가이드

유치원 어린이집 선택 가이드

유아교육 전문가가 전하는 '진짜 좋은 원'의 조건

초 판 1쇄 2025년 12월 16일

지은이 김일태
펴낸이 류종렬

펴낸곳 미다스북스
본부장 임종익
편집장 이다경, 김가영
디자인 임인영, 윤가희
책임진행 안채원, 이예나, 김요섭, 김은진, 국소리

등록 2001년 3월 21일 제2001-000040호
주소 서울시 마포구 양화로 133 서교타워 711호
전화 02) 322-7802~3
팩스 02) 6007-1845
블로그 http://blog.naver.com/midasbooks
전자주소 midasbooks@hanmail.net
페이스북 https://www.facebook.com/midasbooks425
인스타그램 https://www.instagram.com/midasbooks

ⓒ 김일태, 미다스북스 2025, Printed in Korea.

ISBN 979-11-7355-620-3 03370

값 19,500원

※ 파본은 구입하신 서점에서 교환해드립니다.
※ 이 책에 실린 모든 콘텐츠는 미다스북스가 저작권자와의 계약에 따라 발행한 것이므로 인용하시거나 참고하실 경우 반드시 본사의 허락을 받으셔야 합니다.

미다스북스는 다음세대에게 필요한 지혜와 교양을 생각합니다.

유치원 어린이집 선택 가이드

유아교육 전문가가 전하는 '진짜 좋은 원'의 조건

김일태 지음

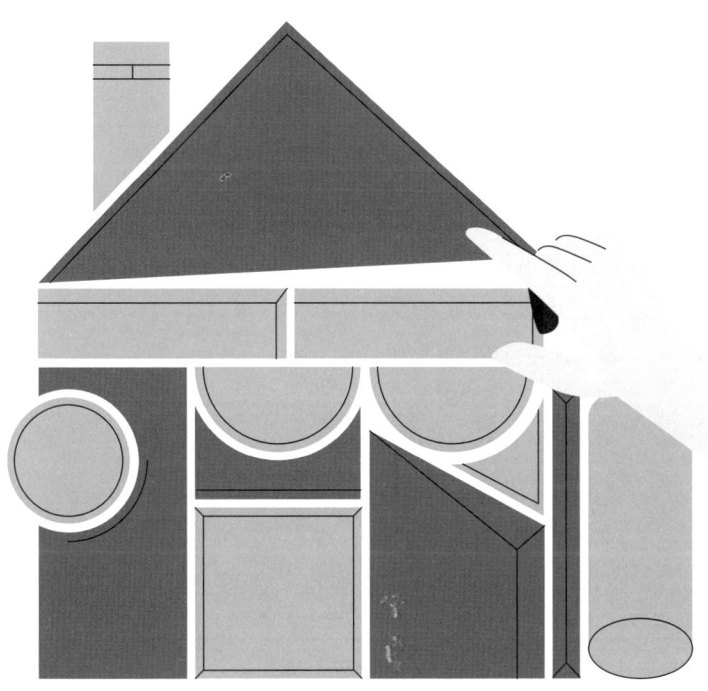

미다스북스

추천사 ··· 8

프롤로그 아이의 첫걸음을 위한 부모의 결정 ······················· 12

들어가기에 앞서 아이 마음에 남은 그림자 ·························· 16

PART 1 아이가 편안히 자라는 공간을 고르는 법

지친 하루의 교사 ·· 29

따뜻한 리더십이 만드는 교실의 공기 ································ 32

함께 배우며 성장하는 사람들 ··· 35

무심한 한마디에 닫혀버린 어린 마음 ································ 37

눈빛이 말하는 교육의 품격 ·· 40

한마디 말이 바꾸는 아이의 하루 ······································ 44

얼굴에는 하루가 쌓인다 ·· 46

신뢰로 세워지는 투명한 연결 ··· 49

아이의 첫 교사, 부모의 마음 ·· 51

침묵 뒤에 숨은 진심 ·· 53

가이드 1 정서적 학대의 그림자, 아이 마음을 돌보다 ········· 56

PART 2 첫 학교를 위한 선택, 부모가 던지는 질문

문을 여는 순간, 마음이 먼저 안다 ···································· 65

함께 움직이되, 비교하지 않는 용기 ································· 68

확신이 길을 밝히는 순간 ··· 71

믿음을 주는 리더의 품격 ··· 74

대화가 품은 교육의 깊이 ··· 77

표정을 바꾸는 교사의 힘 ··· 80

작지만 의미 있는 하루의 장면 ··· 82

결정이 비추는 아이의 미래 ·· 84

가이드 2 선택의 자리에서: 부모의 첫 학교 이야기 ············ 86

PART 3 좋은 질문이 좋은 상담을 만든다

section ① 신뢰를 여는 대화

숨 쉴 여유를 주는 이야기 ··· 103

교사의 눈으로 다시 본 아이 ·· 105

적응을 돕는 따뜻한 한마디 ·········· 107
교사 교체, 아이의 감정 먼저 보기 ·········· 109
부모와의 소통이 단단한 아이를 만든다 ·········· 111
카메라보다 중요한 믿음 ·········· 115
멈추지 않는 교사의 배움 ·········· 117
놀이가 이끄는 힘 ·········· 119
기질을 존중하는 태도 ·········· 121
속도보다 방향이 먼저다 ·········· 123

section ② 깊은 관계를 만드는 스토리텔링

유치원 교육의 방향 ·········· 129
함께 성장하게 하는 피드백의 힘 ·········· 131
갈등을 이해로 바꾸는 언어 ·········· 133
다투기 전, 아이의 마음을 듣다 ·········· 136
특별활동보다 경험의 깊이를 중시하기 ·········· 138
관찰에서 피어나는 교사의 성찰 ·········· 140
식탁에서도 자라는 배움 ·········· 142
일상 속에서 이어지는 안전한 배움 ·········· 145
부모의 참여로 완성되는 동행 ·········· 148
교사가 세우는 기관의 품격 ·········· 151
진심의 향기 ·········· 153
가이드 3 좋은 선택을 위한 스무 가지 질문 ·········· 155

PART 4 예고는 아이에게 안정감을 선물한다

마음의 안전망을 세우는 하루 ·········· 164
산책처럼 시작하는 등원 ·········· 167
즐거운 첫인상이 주는 힘 ·········· 170
두 번째 엄마가 되어주는 교사 ·········· 173
믿음으로 자라는 자신감 ·········· 177
예측 가능한 하루의 안정 ·········· 179
첫인사로 시작되는 관계의 시작 ·········· 182
가정과 기관을 잇는 따뜻한 다리 ·········· 184
가이드 4 첫 등원, 아이의 눈으로 본 세상 ·········· 187

PART 5 선택 그리고 행복을 찾아가는 시간

흔들린 감정이 전해지는 순간 ······ 196
아이를 바라보는 마음의 눈 ······ 198
스스로에게 던지는 조용한 질문 ······ 201
시간을 통해 감정을 정리하는 법 ······ 204
먼저 도착한 온기의 의미 ······ 206
감정을 돌보는 부모의 용기 ······ 208
두려워도 해야 하는 선택 ······ 210
흔들리지 않는 마음의 힘 ······ 212
후회 속에서 피어난 깨달음 ······ 214
마음이 닿을 때, 행복은 완성된다 ······ 217
가이드 5 선택 이후: 행복을 다시 배우다 ······ 219

PART 6 변화의 시대, 배움의 방향을 세우다

배움의 기준을 새롭게 세우다 ······ 234
선택의 이유를 스스로 돌아보다 ······ 236
행복이 중심이 되는 교육 ······ 239
희망의 시선으로 아이를 바라보기 ······ 241
신념이 흔들릴 때 붙잡는 힘 ······ 244
정보의 홍수 속에서 길을 찾다 ······ 247
놀이가 품은 학습의 깊이 ······ 250
감정이 이끄는 동력 ······ 252
전문성이 밝히는 아이의 미래 ······ 254
감성과 이성이 만드는 조화 ······ 257
가정과 기관이 함께 만드는 연대 ······ 259
가이드 6 교사 10인의 기록: 오늘의 아이, 내일의 교육 ······ 261

PART 7 부모의 선택을 완성하는 마지막 점검

다시 마음을 다잡는 시간 ······ 277
표정이 답을 말해준다 ······ 279
아이를 바라보는 시각 ······ 281

공간을 점검하며 환경을 읽다 ······· 284
소통의 방식이 만드는 신뢰 ······· 286
비교보다 본질을 보는 시선 ······· 288
마지막 질문이 주는 확신 ······· 290
가정의 리듬이 곧 아이의 교육이다 ······· 292
교사의 지속성과 전문성 ······· 294
공동체가 품성을 키운다 ······· 296
안전 체계가 주는 평화 ······· 299
가이드 7 실패한 상담: 함께 배운 시간 ······· 301

PART 8 유보통합의 길에서 만나는 아이의 미래

끊어진 하루를 이어주는 손 ······· 324
연결이 교육이 될 때 ······· 326
유보통합 시대, 질문을 바꾸다 ······· 327
성장은 조화로, 마음은 통합으로 ······· 329
부모가 바뀌면 아이의 세상도 달라진다 ······· 331
유보통합 시대의 '좋은 기관'이란 ······· 332
부모는 소비자가 아닌 동반자 ······· 334
익숙한 하루가 아이를 단단하게 만든다 ······· 336
유보통합은 제도가 아닌 사람의 이야기다 ······· 338
가이드 8 유보통합: Q & A ······· 340

에필로그 불안의 시대를 사는 부모들에게 ······· 347

추천사

아버지, 김일태 교수는 강단에서는 스승으로, 무대에서는 강연자로,
그리고 글 속에서는 따뜻한 작가로 살아오셨습니다.
오랜 세월 동안 아버지 인생의 중심에는 언제나 '아이'와 그 곁을 지키는 사람들이 있었습니다.

저는 그 뒷모습을 보며 자랐습니다.
새벽마다 들려오던 필기 소리,
책상 위에 쌓여 있던 원고 더미 속에서
아버지는 언제나 누군가의 내일을 준비하고 계셨습니다.

어린 시절 저에게 그 모습은 세상에서 가장 조용하고 단단한 사랑이었습니다.
저 역시 그 영향을 받아 아이의 마음과 사람의 관계를 이해하는 공부를 했습니다.
지금은 다른 일을 하고 있지만, 그때 배운 온기가 여전히 제 안에 살아 있습니다.

이제는 아버지의 손녀 윤서가 태어나

사랑의 이야기가 새롭게 이어지고 있습니다.
아버지는 윤서를 위해 매일 사진을 찍고 글을 쓰며,
유아의 한 걸음 한 걸음 속에 인생관을 담고 계십니다.
그 모습을 바라보며 저는 깨달았습니다.
아버지의 교육은 말이 아니라 삶으로 전해진다는 것을.
이번에 출간되는 『유치원 · 어린이집 선택 가이드』는
철학과 헌신이 한 권의 책으로 응축된 결실입니다.
이 책은 단순한 정보서가 아닙니다.
35년 동안 아이들과 그들의 가정 곁을 걸어오며 길어 올린
사랑의 언어이자, 양육자의 마음을 어루만지는 따뜻한 기록입니다.

아이의 첫 학교를 결정할 때,
불안보다 평안으로, 비교보다 신뢰로 나아가길 바라는
아버지의 마음이 책 곳곳에 담겨 있습니다.
아들로서, 그리고 한 명의 독자로서 확신합니다.
이 책은 많은 가정에게 '길을 알려주는 책'이 아니라,
'마음을 단단히 해주는 책'이 될 것입니다.
아버지의 삶이 저에게 그러했듯,
이 책 또한 수많은 아이와 어른에게 평안과 용기를 선물하길 바랍니다.

김영상
김일태 작가의 아들

추천사

우리 부부는 오래전부터 각자의 방을 사용해 왔습니다.
남편의 독특한 생활 습관 때문이었습니다.
꿈속에서 떠오른 장면과 깨달음을 기록하고,
새벽마다 일어나 강의를 준비하며 글을 썼습니다.

이 과정에서 내가 자주 잠에서 깨곤 했지요.
결국 우리는 조용히 합의했습니다.
"당신은 글을, 나는 잠을."
그렇게 각자의 방을 두게 되었습니다.

남편은 지금도 집안 곳곳에 작은 포스트잇을 붙입니다.
화장실 거울, 식탁 옆, 현관문 옆까지
노란 메모지에는 사유의 문장들이 빼곡히 적혀 있습니다.
그것들은 어느새 우리의 일상 풍경이 되었고,
삶을 설명하는 가장 솔직한 흔적이 되었습니다.

결혼 35년 동안 내가 본 남편의 모습은 한결같습니다.

'매일 쓰는 사람',
'매일 강의를 준비하는 사람'.
언제나 배우고, 쓰고, 나누는 일로 하루가 시작되고 마무리됩니다.

이번에 세상에 내놓은 『유치원 어린이집 선택 가이드』는
오랜 일상의 결실이며,
아이와 부모를 향한 남편의 철학이 응축된 한 권의 기록입니다.
이 책에는 그가 걸어온 시간의 진심과,
부모들에게 전하고자 하는 따뜻한 마음이 고스란히 담겨 있습니다.

아내이자 동반자로서, 그리고 한 명의 독자로서
나는 이 책을 진심으로 사랑합니다.
수많은 부모들이 이 책을 통해
첫 학교를 선택하는 길 위에서
조금 더 평안해지고, 조금 더 확신을 얻게 되길 바랍니다.

라원애
서양화가, 김일태 작가의 아내

프롤로그

아이의 첫걸음을 위한 부모의 결정

"유치원, 어린이집… 어디를 보내야 할까요?"
이 책을 펼친 지금, 아마도 그 질문 앞에 서 계실 것입니다.
세상 속으로 처음 나아가는 한 존재의 길을 정한다는 것은
단순히 기관을 고르는 일이 아니라, 한 생의 첫 문을 여는 일입니다.
그래서 마음은 설렘보다 불안이 더 큽니다.
인터넷을 뒤지고, 후기를 읽고, 이웃에게 물어보아도
답은 오히려 더 멀게 느껴집니다.
좋다는 말과 걱정스러운 이야기가 뒤섞일수록
생각은 복잡해지고, 선택은 어려워집니다.
"우리 아이에게 가장 맞는 공간은 어디일까?"
이 짧은 질문 속에는 사랑과 두려움, 책임과 믿음이 함께 들어 있습니다.
그렇지만 너무 걱정하지 않으셔도 됩니다.
대한민국에는 따뜻한 유치원과 어린이집이 참 많습니다.
그 안에는 아이를 진심으로 품는 교사와
하루하루의 시간을 정성스럽게 채워가는 현장이 있습니다.
부모가 불안 대신 긍정의 시선으로 세상을 바라볼 때,
좋은 원은 자연스럽게 마음에 들어오게 되어 있습니다.

혹시 놓칠까, 혹시 다치진 않을까, 혹시 내가 잘못 고른 건 아닐까―
이 모든 '혹시'는 사랑의 또 다른 이름입니다.
그 불안은 한 생을 온전히 품고 있다는 증거이기 때문에
불안하셔도 괜찮습니다.
아이를 키운다는 것은 새로운 '나'로 다시 시작하는 일입니다.
사랑으로 맺어진 약속은 아이의 탄생과 함께 '책임'으로 바뀌었고,
그 책임은 때론 눈물로, 때론 기쁨으로 자라납니다.
요즘 같은 불안의 시대에 많은 이들이 묻습니다.
"내가 잘하고 있는 걸까?"
"우리 아이는 행복할까?"
이 질문들은 부족함의 표현이 아니라, 함께 성장하고 있다는 신호입니다.
이제 작은 존재가 세상과 만날 차례입니다.
가족의 품을 떠나 유치원과 어린이집이라는 낯선 공간에 들어서는 순간,
마음은 또다시 고민 앞에 서게 됩니다.
"정말 괜찮을까?"
"그곳에서 웃을 수 있을까?"
그때 기억해야 할 것은 단 하나입니다.
아이의 하루를 바꾸는 것은 화려한 시설이 아니라,
그 시간을 감싸는 사람의 온기라는 사실입니다.
집안의 마음이 평온할 때 아이의 눈빛은 가장 맑게 빛납니다.
좋은 원은 특별하지 않습니다.
다정한 인사, 따뜻한 시선,

이름을 부를 때 미소 짓는 교사가 있을 뿐입니다.
그 단순하고 평온한 하루가 아이를 지키고,
가족의 마음까지도 안심시킵니다.
저는 오랫동안 전국의 유치원과 어린이집을 다니며
수많은 가정과 교사를 만나왔습니다.
그리고 깨달았습니다.
교육의 본질은 결국 '사람'이며,
좋은 기관의 기준은 '신뢰'라는 것을요.
이 책은 단순한 정보의 모음이 아닙니다.
아이를 맡길 곳을 찾는 이들이
스스로 기준을 세우고, 진짜 질문을 던질 수 있도록 돕는 길잡이입니다.
"무엇을 물어야 하는가."
"무엇을 봐야 하는가."
그 해답을 찾아가는 여정이 바로 이 책의 시작입니다.
불안과 비교의 마음, 자책 속에서도 누구나 다시 시작할 수 있습니다.
그 시작은 거창한 결심이 아니라,
오늘 아이의 표정을 한 번 더 바라보는 일입니다.
그 작고 따뜻한 순간이 내일을 바꾸는 선택이 됩니다.
첫걸음은 어른의 손에서 시작됩니다.
그 손이 하루를 만들고, 그 하루가 세상을 넓힙니다.
이 책이 그 여정의 첫 페이지가 되어
당신의 마음에 평안과 확신을 전해 드릴 수 있기를 바랍니다.

김일태

35년째 아이와 함께 배우는 사람, 김일태연구소 소장

들어가기에 앞서

아이 마음에 남은 그림자

한 존재의 하루는 어른의 한마디와 한숨에도 흔들립니다.
따뜻한 말 한 줄은 세상을 환하게 만들고,
무심한 눈빛 하나는 마음의 문을 닫게 합니다.
웃어야 할 시간에 침묵을 배우고,
울어야 할 순간에 참는 법을 배울 때,
배움은 '훈육'이 아니라 '상처'가 됩니다.
누군가는 그것을 '지도'라 부르지만,
작은 마음에게는 '두려움의 기억'으로 남습니다.
아이들은 말보다 눈빛을 먼저 기억합니다.
그 시선 속에서 자신이 사랑받고 있는지,
아니면 외면당하고 있는지를 읽습니다.
그래서 그 마음은 조용한 기록자입니다.
우리의 표정과 목소리, 손끝의 온기를
아주 정확히 내면에 새겨 넣습니다.
이 글은 일곱 명의 어머니가 들려주는
보이지 않는 폭력과 침묵의 기록입니다.
소리를 지르지 않아도, 화를 내지 않아도

아이들은 이미 알고 있었습니다.

'나는 사랑받고 있지 않구나.'

그 깨달음이 남긴 그림자는

시간이 흘러도 쉽게 지워지지 않습니다.

그러나 이 글은 유치원과 어린이집을 비판하기 위해 쓰인 것이 아닙니다.

대한민국의 많은 원은 교사들이 진심으로 아이를 아끼고,

하루의 생활을 정성스럽게 지켜 주는 따뜻한 공간입니다.

그럼에도 부모의 마음은 늘 불안합니다.

보이지 않는 교실의 하루,

함께하지 못하는 시간 속에서

"혹시 우리 아이가 힘들어하진 않을까?"

하는 염려가 멈추지 않습니다.

그래서 이 글은 그 불안을 풀어내기 위한 시작입니다.

엄마들이 느낀 두려움과 오해를

비난이 아닌 이해로,

거리감이 아닌 공감으로 바라보기 위해 쓴 이야기입니다.

정서적 학대의 문제를 드러내기 위함이 아니라,

그림자를 통해 '빛의 방향'을 더 분명히 비추려는 마음에서 나온 글입니다.

마음이 얼어붙던 그 순간,

우리는 무엇을 놓치고 있었을까요.

교육보다 먼저 필요한 것은

작은 마음에 닿는 '눈맞춤의 습관'입니다.

사랑의 말 한마디가
얼어붙은 마음을 녹이는 첫 불씨가 됩니다.

그림자 속에서 아이를 바라본 엄마들

멈춰버린 눈물
김사라, 41세, 여섯 살 아이 어머니

"우리 아이는 감정이 풍부한 여섯 살이에요.
그런데 어느 날부터 웃음이 사라졌어요."
퇴근 후 물었습니다.
"오늘은 즐거웠어?"
아이의 눈이 잠시 흔들렸고, 대답이 따라왔습니다.
"응… 울지 않았어."
그 한마디에 등줄기가 서늘해졌습니다.
'즐거웠어.'가 아니라 '울지 않았어.'
아이의 말엔 하루를 버텨낸 작은 생존의 흔적이 남아 있었습니다.
며칠 뒤, 나는 진실을 들었습니다.
"선생님이 그랬어. 남자애가 울면 창피하지? 나가서 울어."
그 말이 반복되자 아이는 눈물을 부끄러운 일로 여기게 됐습니다.
그날 이후 마음을 숨기기 시작했습니다.
아파도 참았고, 속이 상해도 웃었습니다.
감정의 문을 닫는 법을 너무 일찍 배워 버렸습니다.
밤이면 아이는 말없이 누워 있었습니다.
그 침묵엔 지워지지 않는 울음의 자취가 남아 있었습니다.

그것은 훈육이 아니었습니다.
감정을 금지당한 폭력,
'마음의 입'을 틀어막는 정서적 학대였습니다.
지금도 울고 싶을 때조차 제 눈치를 봅니다.
감정을 표현하면 혼날까 봐.
이제 겨우 일곱 살인데,
이미 배워 버렸습니다.
"울면 안 돼."라는 이름의 침묵을.

미안함 속에 갇힌 아이
박지윤, 39세, 다섯 살 아이 어머니

"저는 직장 때문에 아이를 늘 늦게 데리러 갔습니다.
그래서 늘 미안했지요."
어느 날, 작은 목소리가 혼잣말처럼 들려왔습니다.
"엄마, 친구들이 그래. 엄마가 늦게 데리러 와서 불쌍하대."
그 말을 듣는 순간 숨이 멎었습니다.
나중에서야 알았습니다.
선생님도 웃으며 이렇게 말했다고 합니다.
"그래, 엄마가 일찍 오면 좋겠지?"
아무 뜻 없는 말이었을지 모릅니다.
하지만 아이의 귀에는 다르게 들렸습니다.
'내가 엄마를 힘들게 하나 봐.'
그날 이후 매일 같은 말이 이어졌습니다.
"엄마, 미안해."
그건 사과가 아니라,
죄책감에 눌린 외로움의 인사였습니다.
다섯 살의 어린 마음은
사랑받는 대신 '부담이 되는 존재'가 된 것처럼 느꼈던 모양입니다.

그 뒤로 웃음은 조금씩 줄었습니다.

'엄마를 힘들게 하지 말아야지.'라는 마음이 조용히 자라났습니다.

교실의 공기는 더 이상 따뜻하게 느껴지지 않았습니다.

무심한 한마디가 세상을 얼게 합니다.

혼나지 않았지만,

그 마음은 어느새 세상에 미안한 존재로 자라기 시작했습니다.

탁! 소리에 숨은 폭력
오혜란, 33세, 네 살 아이 어머니

"우리 아이는 네 살 무렵부터 소리에 예민해졌어요.

책상에서 '탁' 소리만 나도 귀를 막고 움찔했죠."

그땐 겁이 많다고만 생각했습니다.

하지만 어느 날 속삭였습니다.

"선생님이 화나면 책상을 탁! 치고, '조용히 해!'라고 해."

그날 밤, 잠결에도 몸을 웅크리며 중얼거렸습니다.

"선생님… 안 그럴게요."

그 목소리가 얼마나 작던지, 나는 그 자리에서 너무나 놀라서 울었습니다.

그때 알았습니다.

소리에도 폭력이 숨어 있을 수 있다는 것을.

탁! 하는 짧은 울림은 공포의 신호가 됐다는 것을.

문이 닫힐 때마다 눈을 질끈 감았습니다.

그 원은 "질서를 가르친다."라고 했지만,

그것은 존재를 숨기라는 명령이었지요.

교실은 배움의 공간이 아니라 침묵의 감옥이었습니다.

조각난 상상력
윤해진, 42세, 일곱 살 아이 어머니

"그 원은 '창의교육'으로 유명했습니다.
하지만 그림 한 장이 모든 걸 바꿨습니다."
그날, 아이는 노란 하늘 아래 초록색 사람을 그렸습니다.
선생님은 그림을 보더니 이렇게 말했다고 합니다.
"이건 이상해. 사람은 이렇게 안 생겼어."
그 한마디에 아이의 눈빛이 흔들렸습니다.
손에 들린 크레파스가 멈췄지요.
그날 밤, 색연필을 하나씩 꺼내며 속삭였습니다.
"엄마, 내 손이 이상해? 내가 잘못 그렸대."
그건 단지 한 장의 그림이 부정당한 일이 아니었습니다.
자존감이 구겨진 순간이었습니다.
그 후로 아무것도 그리고 싶어 하지 않았습니다.
"내가 또 잘못 그릴까 봐."
그곳은 창의성을 말했지만,
사실은 '틀림'을 허용하지 않는 공간이었습니다.
상상력은 평가의 말끝에 멈춰 섰고,
그 자리에서 꿈도 조용히 접혔습니다.

닿을 수 없는 손길
정미나, 38세, 다섯 살 아이 어머니

"줄을 설 때마다 울었습니다.
'왜 줄 서기 싫어?' 묻자,
'선생님이 내 팔을 아프게 했어.'라고 했죠."
나중에 다른 엄마를 통해 알게 됐습니다.
줄을 제대로 서지 않으면 선생님이 팔을 세게 잡거나 뒤로 당겼다고 했습니다.
집에 와 보니 손목에 붉은 자국이 남아 있었습니다.
이후 사람의 손길을 피했습니다.
놀이터에서도 친구의 손을 잡지 않았고,
누가 다가오면 본능적으로 물러났습니다.
그건 단순한 습관이 아니라,
몸이 기억하는 공포의 반사 신경이었습니다.
원은 "규율을 가르친다."라고 했지만,
그것은 통제가 아니라 억압의 기억이었습니다.

얼어붙은 미소
장수연, 42세, 여섯 살 아이 어머니

"그 원은 지역에서 가장 유명한 곳이었습니다.

시설도 깨끗했고, 평가도 1등이었습니다.

그래서 아무 의심도 하지 않았습니다."

하지만 매일 아침 배가 아프다고 했습니다.

병원에서는 아무 이상이 없다고 했습니다.

며칠 뒤, 조용히 속삭였습니다.

"선생님이 맨날 그래. 너는 왜 이렇게 실수를 많이 해."

그 말이 반복되자 자신을 믿지 못하게 됐습니다.

블록이 무너지면 "선생님이 또 화낼 거야."라며 울었습니다.

교실은 반짝였지만, 아이의 마음은 매일 얼음처럼 식어갔습니다.

결국 나는 원을 그만두게 했습니다.

품에 안자, 작은 목소리가 흘러나왔습니다.

"엄마, 이제는 무섭지 않아."

그 짧은 한마디 속에는

얼마나 오랫동안 두려움 속에서 숨을 참고 버텨왔는지가

고스란히 스며 있었습니다.

PART 1

아이가 편안히 자라는 공간을 고르는 법

마음의 상처는 마음에 깊은 흔적을 남깁니다.

상처는 큰 목소리나 직접적인 체벌보다,
말 한마디의 느낌과 시선의 방향 같은 사소한 순간들 속에서 만들어집니다.
요즘은 손찌검보다 눈빛의 냉기가, 무심한 태도가
마음을 다치게 하는 시대입니다.
차가운 말투, 무표정한 얼굴, 무관심한 태도,
이 모든 것이 소리 없는 폭력이 될 수 있습니다.

정서적 학대는 눈에 보이지 않지만, 무관심과 비교, 그리고 무시 속에서 조용히 자랍니다.

정서적으로 건강한 기관은 웃음이 공간을 따뜻하게 데웁니다.
반대로 학대가 있는 곳은 조용하고 무겁습니다.
아이들은 늘 긴장해 눈치를 보고, 교사들은 지친 표정 속에 숨을 고릅니다.
복도에는 웃음 대신 억눌린 기운이 흐르고,
하루는 분위기 속에서 무너집니다.

부모가 살펴야 할 것은 화려한 인테리어나 시설이 아니라,
공간에 머무는 감정입니다.
아이는 하루 대부분을 환경 속에서 보내기 때문입니다.
공간의 결이 따뜻하면 마음은 열리고,
차가우면 두려움을 배웁니다.

지친 하루의 교사

부모교육 시간에 한 어머니가 조심스레 물었습니다.
"교수님, 우리 아이가 이랬어요.
'엄마, 미나가 부르면 선생님이 웃으면서 대답하는데,
내가 부르면 그냥 쳐다보지도 않아.
선생님은 미나는 좋아하는데 나는 안 좋아하는 것 같아.'"
그 말을 듣는 순간, 나는 한동안 말을 잇지 못했습니다.

어른의 피곤은 감출 수 있지만,
한 존재의 하루는 그 피곤한 표정 하나로 무너질 수 있기 때문입니다.
어린 마음은 생각보다 훨씬 예민합니다.
눈빛 하나, 말투 하나,
그 속에 담긴 온도를 정확히 느낍니다.
선생님은 아이들에게 세상의 첫 거울입니다.
거울이 흐리면 마음도 함께 흐려집니다.

미소가 피면 함께 웃고,
시선이 날카로워지면 작은 어깨는 금세 움츠러듭니다.
한 어머니가 말했습니다.

"교실은 깨끗했지만, 선생님 얼굴이 너무 피곤해 보였어요.
그 순간 마음이 불안해졌어요.
아무리 좋은 유치원이라도 그분이 지쳐 있다면
그 기운이 우리 아이에게 전해질 것 같거든요."
그 말은 많은 진실을 담고 있습니다.

현장은 늘 긴장과 책임 속에 있습니다.
하루에도 수십 번 이름을 부르고,
끝없는 행정과 요구를 감당하며
자신의 감정을 내려놓아야 하는 자리.
교사도 때로는 숨이 가빠 옵니다.
미소 뒤에는 책임과 피로,
그리고 말하지 못한 외로움이 겹겹이 쌓입니다.

그럴 때, 어린 마음은 먼저 알아차립니다.
작은 짜증이 눈빛에 스며들고,
짧은 한숨이 공기처럼 번집니다.
그 순간, 아이는 자신이 잘못했기 때문이라 믿습니다.
그러나 교사의 지침은 죄가 아닙니다.
그 또한 하루를 견디는 한 사람일 뿐입니다.
그래서 부모가 원을 방문할 때
가장 먼저 살펴야 할 것은 교실의 크기나 교구의 수가 아니라,

공간을 채우는 사람의 얼굴빛입니다.
이름을 부를 때 목소리가 따뜻한가,
시선에 여유가 있는가,
피곤한 일상 속에서도 웃음을 잃지 않으려 애쓰는가,
그 작은 온기가 아이의 하루를 지킵니다.

그리고 부모님, 이 말을 꼭 전하고 싶습니다.
교육의 현장에서는 교사도 지칩니다.
누구보다 아이를 위해 노력하지만,
누구보다 피로와 책임 속에서 외로워집니다.
그럴 때 부모의 한마디가 기적이 됩니다.
"선생님, 고맙습니다."
"늘 아이들을 위해 애써 주셔서 감사해요."
"저는 선생님을 믿습니다."
그 말 한마디가 마음의 숨통을 틔워 줍니다.

정서적으로 건강한 기관을 만드는 일은
교사 혼자만의 몫이 아닙니다.
서로의 수고를 알아주는 부모,
마음을 믿어 주는 교사,
그 사이에서 환히 웃는 아이,
좋은 교육은 결국 사람이 사람을 지켜내는 일입니다.

따뜻한 리더십이 만드는 교실의 공기

유치원과 어린이집은 아이들의 세상 입문서입니다.
놀이를 통해 배우고, 관계 속에서 성장하며,
세상과 처음 연결되는 공간이지요.
모든 경험의 중심에는 언제나 '사람'이 있습니다.
결국 한 기관의 품격은 관계에서 결정됩니다.

정서적 학대는 어느 날 갑자기 생기지 않습니다.
그 뿌리는 사람 사이의 미묘한 관계 속에서 자라납니다.
특히 원장님과 선생님 사이의 신뢰가 흔들리면
긴장은 고스란히 교실로 스며듭니다.
아이들의 눈빛이 불안해지는 이유는
대개 교실이 아니라 어른들 사이의 기운과 온도 때문입니다.

그래서 부모님께서 상담을 받으실 때
가장 주의 깊게 보셔야 할 것은 프로그램보다 **'사람의 관계'**입니다.
교직원들이 서로를 어떻게 대하는지,
작은 실수 앞에서 비난이 아닌
도움의 손길이 오가는지를 살펴보시기 바랍니다.

짧은 장면 안에 이미 원의 철학이 담겨 있습니다.
리더가 사람을 대하는 방식이 곧 교육의 방향이기 때문입니다.

저는 오랜 현장에서 확신을 얻었습니다.
"리더와 구성원의 관계가 건강한 곳에서는
정서적 학대가 결코 일어나지 않습니다."
존중이 사라지고 행복이 흔들릴 때,
불안한 기운은 말투와 표정에 스며들어
결국 아이의 정서에 그림자를 드리웁니다.
반대로 실수를 함께 풀어내고,
부드럽게 의견을 나누는 문화가 자리한 곳은 다릅니다.
그곳의 사람들은 함께 웃고, 함께 자랍니다.

비난보다 이해가, 지시보다 격려가 흐르는 조직에서는
온기가 맑게 흐릅니다.
아이들은 따뜻한 숨결 속에서 안심하고 웃습니다.
좋은 기관의 조건은 화려한 시설이 아니라
'사람의 온기' 가 느껴지는 분위기입니다.
리더의 말 한마디가 구성원을 세우고,
따뜻한 태도가 교실의 공감의 결을 바꿉니다.
결국 한 사람의 리더십이
원 전체의 온도와 리듬이 됩니다.

명령보다 신뢰, 지시보다 공감
그 마음이 순환할 때 기관은 살아 숨 쉽니다.

아이를 지키는 힘은 시스템이 아니라 사람에게 있습니다.
리더의 따뜻한 시선이 곧 교육의 시작입니다.

함께 배우며 성장하는 사람들

입학 상담을 위해 유치원이나 어린이집을 방문할 때,
부모가 가장 먼저 살펴야 할 것은
공간을 감싸는 분위기와 사람들의 표정, 그리고 말의 따뜻함입니다.
문을 열고 들어서는 순간 느껴지는 온기,
웃음이 자연스럽게 흘러나오는가
그 감각이 바로 원의 진짜 교육입니다.

아이들의 얼굴이 편안하고,
선생님이 부드러운 목소리로 이름을 부른다면
그곳은 이미 정서적으로 안전한 공간입니다.
반대로 교사의 말이 딱딱하거나,
작은 몸들이 눈치를 보며 조용히 앉아 있다면
그건 작은 경고 신호일지도 모릅니다.
정서적 학대는 큰소리나 체벌로만 드러나지 않습니다.

무심한 시선, 반응 없는 얼굴, 냉랭한 공기 속에서도 조용히 자랍니다.
부모는 상담 중에도 이런 감정을 놓치지 말아야 합니다.
"선생님은 하루를 아이들과 어떻게 함께 보내세요?"

이 질문 하나로도,
교실의 마음이 얼마나 존중을 품고 있는지를 느낄 수 있습니다.

존중이 있는 공간은 조용하지만 따뜻합니다.
실수에도 기다림이 있고,
작은 행동에는 칭찬의 미소가 머뭅니다.
반면 긴장된 교실은 공기의 결부터 다릅니다.
말은 적지만 눈빛에는 불안이 스칩니다.
부모는 그 미묘한 분위기를 누구보다 먼저 감지할 수 있습니다.

상담을 마치고 나올 때,
스스로에게 이렇게 물어보세요.
"내가 지금 편안한가?"
"이곳에서 내 자녀가 행복할 수 있을까?"
이때 감정이 바로 정답입니다.
마음이 따뜻해진다면,
그곳은 이미 배움이 숨 쉬는 안전한 공간입니다.

무심한 한마디에 닫혀버린 어린 마음

유치원이나 어린이집에 아이를 입학시키기 위해 방문할 때,
부모는 화려한 시설이나 최신 프로그램보다 먼저
'관심이 숨 쉬는가'를 살펴야 합니다.
교실 문을 열었을 때 들려오는 목소리,
아이를 바라보는 교사의 짧은 눈빛,
얼굴에 번지는 자연스러운 미소에는
말보다 깊은 뜻이 담겨 있습니다.
상담실에서도 마찬가지입니다.
원장님이 부모의 눈을 바라보는지,
아이에게 먼저 말을 건네는지,
아니면 서류만 넘기며 기계적으로 설명하는지,
몇 초의 태도 속에 그 기관의 철학이 드러납니다.
부모는 상담 중 조용히 자신에게 물어보면 좋습니다.
'이곳은 아이를 바라봐 주는 공간인가,
아니면 단순히 관리하는 공간인가?'
'교사의 눈빛에 따뜻한 여유가 있는가,
아니면 피로한 무관심이 스며 있는가?'
아이의 하루를 바꾸는 건 결국 사람입니다.

유치원이나 어린이집을 고를 때
이 작은 관찰이 마음을 지켜 줄 가장 확실한 기준이 됩니다.
정서적 학대는 항상 거친 모습으로 나타나지 않습니다.
대개 아무 소리도 없이,
차가운 침묵 속에 숨어듭니다.
교사가 아이의 이야기를 흘려듣고,
작은 성취를 지나치며,
칭찬도, 눈길도 건네지 않을 때
아이들은 조용히 깨닫습니다.
'나는 중요하지 않구나.'
'내가 말해도 아무도 듣지 않는구나.'
이 깨달음은 어린 가슴을 천천히 얼어붙게 합니다.
화내지 않아도, 손찌검이 없어도
무관심은 그렇게 마음을 잠식합니다.
그래서 저는 강의 때마다 말합니다.
"정서적 학대는 손의 세기가 아니라 교사의 시선에서 시작된다."
아이들은 어른의 말을 듣기 전에 눈빛을 먼저 읽습니다.
그 눈빛에 관심이 담겨 있으면 마음이 피어나고,
무관심이 흐르면 금세 움츠러듭니다.
무관심은 조용하지만 가장 깊은 상처를 남깁니다.
말 한마디보다, 무표정한 얼굴 하나가 더 크게 마음을 찌를 때도 있습니다.
그러나 반대로,

작은 시선 하나가 하루를 바꿀 수도 있습니다.

아이의 그림을 바라보며

"어제보다 더 따뜻해졌네.

선생님은 네 그림을 볼 때마다 기분이 좋아져."

이 짧은 말 한마디는

인정과 존중, 그리고 사랑을 담아

아이의 마음을 환하게 밝힙니다.

눈빛이 말하는 교육의 품격

유치원이나 어린이집 입학 상담을 받을 때,
부모는 원장님의 설명보다 먼저 '관계'를 느껴야 합니다.

말투, 눈빛, 표정, 대하는 태도 속에
원의 문화와 철학이 담겨 있기 때문입니다.
상담 중에 이런 순간이 있습니다.
다정히 "안녕?"하며 손을 내미는 원장님,
또는 서류를 정리하며 부모에게만 시선을 두는 원장님.
짧은 차이가 바로 '관계의 시작점'입니다.

관계는 말로 설명되지 않습니다.
눈빛 하나로 전해지고,
작은 몸짓 하나로 읽히며,
진심은 굳이 강조하지 않아도 느껴집니다.
부모가 느껴야 할 것은 단 하나입니다.
'이곳에서 내 아이가 따뜻한 마음으로 자라날 수 있을까.'
원장님과의 첫 상담에서 관계의 온기를 느꼈다면,
그곳은 이미 좋은 출발선을 가진 원입니다.

유치원에서 가장 먼저 배워야 할 것은 '관계'입니다.

지식보다 앞서야 하고, 규칙보다 먼저 익혀야 하는 것
그것이 바로 관계입니다.
관계는 마음이 세상과 이어지는 첫 번째 다리입니다.
다리가 흔들리면 마음도 불안해지고,
다리가 단단하면 세상은 쉽게 흔들리지 않습니다.
관계가 건강한 아이는 넘어져도 다시 일어납니다.

누군가 자신을 지켜봐 준다는 믿음,
그 믿음이 내면을 단단하게 세웁니다.

어느 날, 블록이 무너졌습니다.
교사는 조용히 다가와 말했습니다.
"괜찮아. 무너졌다는 건 다시 쌓을 수 있다는 뜻이야."
한마디에 아이의 얼굴이 금세 환해졌습니다.
교사의 말 속엔 따뜻함이 스며 있었고,
그 문장은 자존감을 세웠으며,
관계의 온기가 교실을 덮었습니다.

규칙보다 관계가 먼저입니다.
규칙만 앞세우면 아이는 움츠러들고,

관계가 살아 있으면 도전합니다.
"괜찮아, 선생님이 도와줄게."
이 짧은 한 문장이 불안을 녹이고,
다시 시도할 용기를 선물합니다.

관계가 건강한 곳에서는 실패가 배움이 되고,
관계가 메마른 곳에서는 침묵이 자랍니다.

부모님은 기관을 방문할 때 꼭 살펴보세요.
교사와 아이의 눈빛이 만나고 있는지,
시선에 온기가 흐르고 있는지.
눈빛이 부드럽고 따뜻하다면,
그곳은 이미 가장 안전한 품입니다.

상담이 끝난 뒤, 마음속으로 다시 물어보세요.
'이곳이 우리 아이의 관계성을 키워 줄 수 있는 곳인가?'

이름을 따뜻하게 불러 주고
눈을 맞추며 대화하는 교사,
아이와 자연스럽게 어울리고
실수를 부드럽게 받아주는 분위기,
'아이의 마음'에 초점을 두는 상담.

교실 안에 웃음과 온기가 흐르고
칭찬과 격려의 말이 살아 있는 곳,
그런 곳이야말로 관계가 자라고
마음이 단단해지는 유치원입니다.

한마디 말이 바꾸는 아이의 하루

유치원이나 어린이집 상담을 하러 갔을 때,
부모가 가장 주의 깊게 들어야 할 것은 말의 느낌입니다.
아이를 향한 교사의 한마디,
부모에게 건네는 원장의 짧은 문장 속에는
그곳이 아이를 어떤 마음으로 바라보는지가 고스란히 담겨 있습니다.

좋은 공간은 설명보다 말이 따뜻합니다.

"우리 원 아이들은 참 밝아요.
가끔 실수해도 금세 일어나요.
우리는 '괜찮아, 다시 해보자.'라고 말해줘요."
이런 말이 자연스럽게 흘러나오는 곳이라면
그곳은 규율보다 관계를, 지시보다 마음을 중심에 둔 곳입니다.

반대로 "우리는 규칙을 엄격히 지켜요."
"잘못하면 바로잡아 줍니다."라는 말이 중심이 된다면
그 안에는 따뜻함보다 통제가 조금 더 짙게 깔려 있을지도 모릅니다.
한 기관의 품격은 시설이 아니라 언어의 온기에서 드러납니다.

"왜 또 그랬어?" 대신
"괜찮아, 다시 해볼까?"
단 한 문장의 방향이 자존감을 세웁니다.

말의 끝에 온기가 머물면 마음은 다시 피어나고,
차가운 말 한마디는 아이의 세상을 서서히 닫습니다.
좋은 원은 교실마다 부드러운 말이 흐르고,
이름이 자주 불리며,
"고마워", "괜찮아", "믿고 있어" 같은 말이 자연스럽게 오갑니다.
그 리듬이 교실의 공기를 따뜻하게 만들고,
작은 실패를 다시 시도할 용기로 바꿔줍니다.

결국 아이를 키우는 일은 거창한 이론이 아니라 말의 예술입니다.
한마디의 다정함이 하루를 바꾸고,
하루가 한 사람의 마음을 바꿉니다.
따뜻한 언어는 아이의 마음을 세우고,
마음은 다시 세상을 밝힙니다.

성장시키는 힘은 멀리 있지 않습니다.
오늘, 한 문장의 다정함 속에 있습니다.

얼굴에는 하루가 쌓인다

입학 상담을 위해 유치원이나 어린이집을 방문하면,
부모는 많은 것을 살펴보게 됩니다.
교실의 크기, 교재, 교사 수, 프로그램의 다양성까지.
하지만 그중에서도 가장 정확한 기준은 표정입니다.

좋은 원은 교사의 얼굴이 밝습니다.
표정에는 공간 속 교사의 마음이 그대로 담겨 있기 때문입니다.
결국 얼굴은 부모가 앞으로 만나게 될 '우리 아이의 얼굴'을 비추는 거울입니다.

얼굴에는 하루가 고스란히 새겨집니다.
밝은 눈빛, 편안한 어깨, 자유로운 웃음
모든 것은 "나는 사랑받고 있어요."라는 신호입니다.
말보다 먼저 마음이 전해지는 것은 언제나 표정입니다.
눈빛이 반짝이고 미소가 자연스럽게 피어난다면,
그곳은 이미 정서적으로 안전한 공간입니다.
한 어머니가 이렇게 말했습니다.
"건물은 낡았지만 아이들 얼굴이 참 밝았어요.

웃음을 보고 안심이 됐어요."

짧은 한마디에 모든 진실이 담겨 있습니다.

표정이야말로 원의 철학을 가장 정확하게 보여주는 지표입니다.

정서적으로 건강한 기관은 자연스럽게 흘러갑니다.

복도마다 웃음소리가 퍼지고,

교사를 바라볼 때 눈빛에 행복이 비칩니다.

그곳에서는 실수가 두려움이 아니라 배움의 시작이 되고,

교사와 아이의 미소가 서로의 마음을 비춥니다.

하지만 불안한 공간은 다릅니다.

복도는 조용하고, 아이들은 눈치를 봅니다.

작은 소리에도 고개를 숙이고,

교사의 발자국 소리에도 몸을 움츠립니다.

침묵 속에는 말로 표현하지 못한 긴장이 숨어 있습니다.

말은 감출 수 있어도 표정은 감출 수 없습니다.

부모님은 기관을 방문할 때 눈으로 확인해 보세요.

눈빛이 따뜻한지,

교사와 마주칠 때 시선이 자연스럽게 닿는지.

아이들이 교사를 바라보며 미소 짓는다면

그곳은 이미 '신나는 품'입니다.
반대로 눈을 피하거나, 몸을 움츠린다면
그 안엔 보이지 않는 긴장이 흐르고 있을지도 모릅니다.

얼굴은 하루의 기록입니다.
표정이 밝다면 사랑이 흐르고,
굳어 있다면 관계의 온기가 필요합니다.
교사의 말보다 표정이 더 많은 것을 말해줍니다.

따뜻한 눈빛 하나가 하루를 구하고,
하루가 모여 인생을 바꿉니다

신뢰로 세워지는 투명한 연결

요즘 많은 이들이 원을 선택할 때 가장 먼저 묻습니다.
"혹시 CCTV가 있나요?"
그 질문 속에는 불안과 걱정이 숨어 있습니다.
누군가에게 내 아이의 하루를 맡긴다는 건,
단순한 돌봄 의뢰가 아니라 마음 한 조각을 내어주는 일이기 때문입니다.
하지만 카메라가 많다고 해서
안전이 보장되는 것은 아닙니다.

영상은 모습을 비추지만,
그 안에 담긴 온기와 진심까지는 보여주지 못합니다.
진짜 안전을 지키는 힘은 기술이 아니라 사람의 신뢰입니다.
하루를 든든히 지탱하는 것도 장비가 아니라 마음의 온도입니다.
원을 방문했다면 카메라의 개수보다 먼저 말의 결을 느껴보세요.

원장님의 목소리에 진심이 있는지,
교사가 눈을 맞추며 이야기를 나누는지,
아이를 바라보는 시선 속에 사랑이 머무는지를 살펴보면 됩니다.
짧은 순간 속에서도 그곳의 철학이 드러납니다.

저는 강의 중 자주 이렇게 말합니다.
"좋은 원은 CCTV가 아닌 믿음으로 지켜집니다."
리더와 교사가 서로를 존중하는 문화가 자리 잡은 공간이라면
그곳에서는 정서적 학대가 자라지 않습니다.

"선생님은 CCTV를 어떻게 생각하세요?"
이 한마디만으로도 그 기관의 교육관을 읽을 수 있습니다.
누군가는 그것을 '보호의 수단'이라 하고,
다른 이는 '마음을 잇는 장치'라 말합니다.
그 답 속에, 그들이 교육을 어떤 눈으로 바라보는지가 있습니다.
신뢰는 카메라가 아닌 눈빛에서 피어납니다.
'이분이라면 우리 아이를 맡길 수 있겠다.'
이 확신이 든다면 이미 그곳은 안전한 울타리입니다.

믿음은 교사의 손끝을 따뜻하게 만들고,
그 따뜻함이 아이의 하루를 포근히 감쌉니다.
좋은 원의 투명함은 장비에서 시작되지 않습니다.
공간의 진짜 투명함은
서로를 향한 믿음, 그리고 진심 어린 대화에서 자라납니다.

아이의 첫 교사, 부모의 마음

평온한 하루는 집안의 마음에서 시작됩니다.
아침에 건네는 한마디,
등원길의 표정,
작은 손을 잡는 온기.
이 모든 것이 아이의 세상을 만듭니다.
유치원과 어린이집을 선택할 때,
시선은 시설보다 사람에게 머물러야 합니다.

'누가 우리 아이와 하루를 함께 보내는가?'
그 한 가지 질문이 선택의 중심이 되어야 합니다.

가정이 불안하면 세상도 불안하게 보이고,
믿음이 자리를 잡으면 세상 또한 평화로워집니다.
정서적 안정은 결국 어른의 마음에서 비롯됩니다.
아무리 좋은 원이라도
의심의 시선으로 바라본다면
그 불안이 아이에게 그대로 전해집니다.
아이들은 말보다 마음의 떨림을 먼저 읽습니다.

어느 날, 한 아이가 속삭였습니다.
"엄마는 늘 걱정해요. 그래서 나도 걱정이 많아요."
그 말은 단순한 관찰이 아니라,
감정이 고스란히 이어진다는 사실의 증거였습니다.
집안의 마음이 평온하면 표정이 달라지고,
그 평온함이 곧 신뢰의 언어가 됩니다.
아이에게 세상을 믿는 법을 가르치는 첫 번째 교사는
학교가 아니라 가정의 마음입니다.
그러니 사랑하는 어른들이여,
걱정의 말보다 신뢰의 말을 건네주세요.

"괜찮아, 너라면 할 수 있어."
"선생님이 너를 잘 돌봐주실 거야."
이 짧은 문장들이 하루를 든든히 세워 줍니다.
마음은 말로 자라고,
그 말은 다시 아이의 내면을 세웁니다.

비난 대신 믿음을, 불안 대신 평안을 심어주세요.
유치원이나 어린이집을 선택하는 일은
결국 스스로의 마음을 단단히 세우는 일입니다.

침묵 뒤에 숨은 진심

요즘 부모들은 유치원이나 어린이집에 자녀를 보낼 때마다 불안합니다.
뉴스마다 반복되는 '아동 학대'라는 단어가 마음을 무겁게 하지요.
한 곳에서 일어난 불행한 사건이 마치 모든 원의 이야기처럼 비치면서,
그 불안은 다시 현장의 사람들에게 향합니다.

하지만 저는 오랜 시간 유아교육의 현장을 지켜본 사람으로서 말씀드리고 싶습니다.
대부분의 유치원과 어린이집에는
매일 웃음을 지키기 위해 조용히 헌신하는 교직원들이 있습니다.
그럼에도 일부의 사건이 전체의 얼굴로 비칠 때,
가장 큰 상처를 받는 사람은 바로 그들입니다.
그들은 요즘, 현장을 사랑하면서도 두려움을 느낍니다.
조금만 목소리가 커도, 단호하게 말해도
'혹시 오해받지 않을까?' 하는 걱정이 마음을 짓누릅니다.
조심스러움이 쌓여 피로가 되고,
그 피로는 결국 떠남으로 이어집니다.

그러나 부모님, 침묵을 오해하지 말아 주세요.

조용히 바라보는 그 눈빛 속에는
깊은 사랑과 책임이 담겨 있습니다.
말보다 진심이 앞서기에
그들은 함부로 말하지 않고, 마음을 기다립니다.

침묵을 '무관심'이 아니라 '존중'으로 바라봐 주시길 바랍니다.

물론 부모의 불안은 충분히 이해됩니다.
소중한 존재를 맡기는 일이기에 예민해질 수밖에 없습니다.
하지만 모든 사건을 '내 아이에게도 일어날 수 있는 일'로 일반화하기 시작하면,
가장 먼저 지쳐가는 사람은 현장의 선생님들입니다.
그리고 그 피로는 결국 아이의 정서로 이어집니다.

그래서 저는 이렇게 말씀드리고 싶습니다.
정서적으로 건강한 원은 공간에서가 아니라 사람의 마음에서 시작됩니다.
자녀를 맡길 때 이렇게 말해보세요.
"선생님, 저는 선생님을 믿어요."
"이 원을 믿습니다."
짧은 말 한마디가 한 사람의 교육자를 지탱합니다.
그 믿음이 눈빛을 따뜻하게 바꾸고,
그 따뜻함이 다시 하루를 품어 줍니다.

행복은 어느 한쪽의 책임이 아닙니다.

부모의 신뢰가 더해질 때,

비로소 정서적 학대가 없는 원이 완성됩니다.

아이 곁의 사람을 믿어 주는 한 사람의 부모,

그 따뜻한 마음이 오늘도 수많은 어린 영혼을 지켜내고 있습니다.

가이드 1

정서적 학대의 그림자, 아이 마음을 돌보다

마음은 쉽게 상처받지만, 상처는 결코 쉽게 낫지 않습니다.
정서적 학대는 눈에 보이지 않기에 더 위험합니다.
생활 속에 스며든 무관심, 비난, 침묵, 조롱
이 모든 것은 조용히 뇌와 감정 구조를 바꿉니다.
세계의 여러 학자는 한목소리로 말합니다.
"정서적 학대는 단지 마음의 상처가 아니라, 성장 구조 전체를 바꾸는 깊은 균열이다."
다음은 학자들이 남긴 연구와 통찰입니다.

존 볼비(John Bowlby)

애착 이론의 창시자인 볼비는 인간의 정서적 안정감이
유아기 애착 관계의 질에 달려 있다고 말했습니다.
부모나 교사와의 일관된 따뜻한 반응이 '기본 신뢰감'을 만든다고 보았습니다.
그러나 정서적 학대를 경험한 아동은 사랑의 끈이 불안정하게 연결됩니다.
볼비는 이를 "내적 작동 모델(Internal Working Model)",
즉, 세상을 어떻게 느끼고 관계를 맺는지를 결정짓는 내면의 청사진으로 정의하였습니다.
이 모델이 손상되면 타인을 믿지 못하고,

관계 속에서 항상 '거절당할 것 같은' 예감에 시달립니다.
결국 성장하면서도 사랑을 받을 자격이 없다고 느끼는 자기 개념을 형성하게 됩니다.

메리 에인스워스(Mary Ainsworth)

볼비의 제자 에인스워스는 '낯선 상황 실험(Strange Situation Experiment)'을 통해
정서적 학대나 불안정한 돌봄을 받은 아동이 보이는 행동을 관찰했습니다.
그 결과 세 가지 불안정 애착 패턴이 나타났습니다.
– 회피형(avoidant), 양가형(ambivalent), 혼란형(disorganized)
특히 정서적으로 학대 받은 경우 혼란형 패턴을 자주 보였습니다.
이들은 부모나 교사를 두려워함과 동시에 의지하려는 모순된 행동을 보입니다.
눈빛에는 사랑과 공포가 함께 깃들어 있습니다.
그녀는 이렇게 말했습니다.
"사랑받기를 바라면서 동시에 사랑이 두렵다. 이것이 학대받은 아동의 마음이다."
결국 불안정한 애착은 학교생활에서도 이어집니다.
교사의 작은 표정 변화에도 과도하게 반응하고, 친구의 거절에 쉽게 무너집니다.
이것이 '정서적 안전'이 교육보다 먼저 필요한 이유입니다.

에릭 에릭슨(Erik H. Erikson)

에릭슨은 인간의 전 생애 발달을 여덟 단계로 나누며,
유아기의 첫 과업을 '신뢰 대 불신(trust vs. mistrust)'으로 정의했습니다.
정서적 학대를 경험한 아동은 이 첫 과업에서 실패합니다.
세상을 '위험하고 차가운 곳'으로 인식하고,
따뜻한 보살핌 대신 비난과 무관심을 경험하며 불신의 정체성을 내면에 새깁니다.
그 결과 또래 관계에서도 방어적이 되고, 사랑을 받아도 불안해합니다.
에릭슨은 이렇게 경고했습니다.
"유아기의 불신은 일생의 그림자가 된다."
그림자의 형태는 다양합니다.
불안, 완벽주의, 관계 회피, 과도한 순응,
모두 유년기의 정서적 상처가 만든 생존 방식입니다.

장 피아제(Jean Piaget)

피아제는 인지 발달 단계를 통해 아동이 세상을 이해하는 방식을 설명했습니다.
"사고는 환경 속 경험을 통해 구성된다."라고 강조했습니다.
하지만 정서적 학대는 경험 자체를 왜곡시킵니다.
부정적 언어, 냉소적 표정, 무관심한 반응 속에서
'세상은 위험하다', '나는 틀린 존재다'라는 인지 구조가 형성됩니다.
이로 인해 피아제가 말한 '동화와 조절(assimilation & accommodation)'의

균형이 깨지고,

학습과 사고의 확장이 멈춥니다.

그 결과 도전보다 회피를 선택하고,

자기 표현보다 '눈치 보기'를 배우게 됩니다.

정서적 학대는 결국 지적 호기심을 닫는 감정의 벽을 세웁니다.

레프 비고츠키(Lev Vygotsky)

비고츠기는 학습이 사회적 상호 작용 속에서 일어난다고 말했습니다.

성인의 정서적 반응을 통해 사고와 언어를 내면화한다고 했지요.

즉, 정서가 학습의 토대입니다.

하지만 무관심하거나 냉담한 교사의 태도는 내면 언어(inner speech)를 위축시킵니다.

스스로에게 말을 걸지 못하고,

"나는 할 수 없어.", "선생님이 싫어해."라는 자기 부정적 언어만 되뇌게 됩니다.

"대화 없는 배움은 존재하지 않는다."라고 비고츠기는 말합니다.

정서적 학대는 결국 언어와 사고의 흐름을 끊어버립니다.

다니엘 골먼(Daniel Goleman)

감성 지능(EQ)을 체계화한 골먼은

정서적 학대가 자기 인식(self-awareness)과 공감 능력(empathy)을 마비시킨다고 했습니다.

지속적인 무시, 비난, 조롱을 받은 아동은 자기 감정을 인식하지 못합니다.
"내가 왜 슬픈지, 왜 화가 나는지"조차 알지 못한 채, 감정이 통제되지 않는 존재로 자랍니다.
그 결과 사소한 일에도 폭발하거나, 반대로 감정을 억누르는 양극단의 반응을 보입니다.
골먼은 이렇게 말했습니다.
"감정의 언어를 잃은 사람은 세상과의 대화도 잃는다."
EQ가 낮으면 결국 사회적 관계에서 고립되고,
자신의 가치와 타인의 감정을 조율하는 능력을 잃게 됩니다.

브루스 페리(Bruce D. Perry)

아동 트라우마 전문가 페리는
정서적 학대가 뇌 발달, 특히 편도체(amygdala)와 해마(hippocampus) 기능을 변화시킨다고 밝혔습니다.
편도체가 과도하게 활성화되면 늘 '위험 감지 모드'로 살아갑니다.
즉, 교실의 문이 쾅 닫히는 소리에도 놀라고,
선생님의 얼굴빛만 봐도 두려움이 먼저 듭니다.
이런 만성적 긴장은 학습을 담당하는 전두엽의 기능을 저하시킵니다.
페리는 "뇌는 안전할 때만 배운다."라고 말했습니다.
정서적 학대는 뇌를 '생존 모드'에 가두고, 배움의 뇌를 '정지 상태'로 만들어버립니다.

마틴 셀리그먼(Martin E. P. Seligman)

'학습된 무기력(learned helplessness)'을 제시한 셀리그먼은
정서적 학대를 반복적으로 경험한 아동은 "아무리 노력해도 달라지지 않는다."라는 신념을 갖게 된다고 말했습니다.
칭찬은커녕 비난과 무시만 반복되면 시도 자체를 포기합니다.
그는 이렇게 말했습니다.
"실패의 경험보다 위험한 것은 변화의 가능성을 믿지 않는 것이다."
이 무기력은 성인이 된 이후에도 이어집니다.
도전보다 회피를, 성장보다 포기를 선택하는 삶의 패턴이 됩니다.
정서적 학대는 이렇게 '시도하지 않는 습관'을 만드는 보이지 않는 굴레입니다.

로라 마르티넬리(Laura Martinelli)

이탈리아의 발달심리학자 마르티넬리는
정서적 학대를 받은 아동은 자아 개념(self-concept)을 왜곡한다고 말했습니다.
스스로를 "사랑받을 자격이 없는 존재"로 인식합니다.
칭찬보다 지적을 더 자주 들은 아동은
"나는 항상 부족하다.", "나는 문제아다."라는 내면의 대화를 반복하게 됩니다.
이런 자기 부정적 대화는 자존감을 깎아내리고,
사회적 관계에서도 '거절당할 것 같은 불안'을 키웁니다.

결국 정서적 학대는 자기 인식의 거울을 깨뜨리는 행위입니다.
평생 자신을 있는 그대로 사랑하기 어려워집니다.

이기숙(Ki-Sook Lee)

한국 유아교육학계의 이기숙 교수는
교사의 말투, 시선, 태도가 아이의 정서 발달에 미치는 영향을 강조했습니다.
"교실의 공기에는 교사의 마음이 그대로 녹아 있다."라고 말했습니다.
교사가 지치거나 냉소적이면 하루는 불안으로 가득 차고,
따뜻한 말 한마디만으로도 자존감은 되살아납니다.
이 교수는 수십 년 연구를 통해 이렇게 결론지었습니다.
"정서적 학대는 체벌이 아니라 공감의 부재에서 시작된다."
정서 안정은 결국 교사의 마음 건강에서 비롯되며,
교사를 존중하고 성장시키는 원장의 리더십이 있을 때,
기관은 자연스럽게 학대 없는 공간이 됩니다.
이처럼 학자들은 서로 다른 시대, 다른 나라에서 연구했지만 결론은 하나였습니다.

"정서적 학대는 기억이 아니라 평생의 그림자다."
무관심과 냉소가 만든 그림자는 오랫동안 남지만,
한 번의 따뜻한 시선, 한 번의 믿음의 말이 그림자를 걷어냅니다.
결국 마음을 지키는 일은 거창한 이론이 아니라,
오늘 내 옆의 한 사람을 따뜻하게 바라보는 일에서 시작됩니다.

PART 2

첫 학교를 위한 선택, 부모가 던지는 질문

첫 유치원·어린이집 선택은 부모가 내리는 수많은 교육적 결정 중에서도 가장 중요한 일입니다.
많은 부모들은 환경, 급식, 교육비 같은 구체적인 요소들을 꼼꼼히 비교하곤 합니다.
물론 이러한 조건들도 필요하지만, 그보다 더 근본적인 질문이 있습니다.

바로 "이곳에서 우리 자녀가 행복하게 지낼 수 있을까?"라는 물음입니다.

유치원과 어린이집은 단순한 보육 공간이 아니라,
한 존재가 하루의 대부분을 보내며 세상과 관계 맺는 첫 번째 무대입니다.
이곳에서 아이들은 또래를 만나 사회성을 배우고,
선생님의 표정과 눈빛 속에서 자신이 존중받는 존재임을 깨닫습니다.
매일의 작고 평범한 경험들이 쌓여 마음속에 든든한 성장의 토대가 됩니다.

따라서 **부모의 선택은 단순한 등록 절차가 아니라,**
세상과의 첫 문을 여는 결정입니다.
이 문턱 앞에 선 부모의 마음은 흔들리기 쉽습니다.
친구의 추천, 블로그 후기, 화려한 시설 같은 외부 정보들은
마음을 불안하게 만들기 마련입니다.
이런 순간에는 다른 사람들의 평가가 절대적인 잣대처럼 느껴질 수 있습니다.
하지만 진짜 기준은 남의 말이 아니라, 내 자녀에게 있습니다.

부모의 교육 철학과 그 아이의 반짝이는 눈빛,
미묘한 표정에서 답을 찾아야 합니다.
함께 느낀 편안함과 안정감이야말로
결정적인 선택의 잣대가 됩니다.
결국 우리 가족만의 기준으로 마음을 다잡고,
확신 속에서 한 걸음을 내딛는 것이 중요합니다.

문을 여는 순간, 마음이 먼저 안다

유치원이나 어린이집을 고르는 일은 단순히 주변과 비교하는 과정이 아닙니다.
그건 '우리 가족의 세상'을 처음으로 선택하는 일이며,
하루의 절반 이상을 보내게 될 작은 우주를 정하는 결정입니다.
많은 이들이 이렇게 말합니다.
"친구가 다니니까 좋다더라."
"인터넷 후기가 많아서 믿을 만하더라."
하지만 다른 사람의 경험이 곧 우리에게도 같은 행복을 보장하지는 않습니다.

다른 집의 이야기는 '참고'일 뿐,
결정은 언제나 우리의 감각과 마음에서 출발해야 합니다.
직접 발을 들여보세요.
입구의 문을 여는 순간, 복도의 냄새, 교실의 분위기, 웃음소리
모든 것이 말보다 먼저 마음을 두드립니다.
그때 자녀의 표정을 놓치지 마세요.
미소를 짓는지,
혹은 낯선 공간에서 살짝 움츠러드는지를 살펴보세요.
표정은 거짓말을 하지 않습니다.

짧은 순간의 눈빛 속에서
'이곳이 나를 환영한다'라는 안도감이 피어오를 수도 있고,
'조금 낯설고 어색하다'라는 신호가 스칠 수도 있습니다.

그 미묘한 변화를 읽어내는 것이
마음을 지키는 첫 번째 감각입니다.
공간의 온도도 중요합니다.
문을 열고 들어선 순간 차갑게 느껴진다면,
그건 단지 분위기의 문제가 아닐 수도 있습니다.
교사의 인사가 형식적이거나,
유아를 대할 때 눈빛이 바쁘고 딱딱하다면
그곳은 아직 온기가 덜한 공간일지 모릅니다.

반대로 말 한마디가 다정하고,
시선에 진심이 담겨 있다면
그 따뜻함이 이미 교육의 일부입니다.
좋은 유치원과 어린이집은
남들의 평가로 결정되지 않습니다.
눈으로 보고, 귀로 듣고, 마음으로 느껴보세요.
모든 감각이 동시에 **'편안하다'**라고 속삭이는 곳—
그곳이 바로 우리 가족의 첫 학교입니다.
마음이 안정되는 곳,

가정의 온기가 다시 편안해지는 곳—

그곳이 바로 행복이 시작되는 진짜 출발점입니다.

함께 움직이되, 비교하지 않는 용기

요즘 입학 상담 현장에는
여러 명이 함께 방문하는 경우가 많습니다.
"같이 가면 덜 불안할 것 같아서요."
"다른 엄마들의 의견을 들어보고 싶어서요."
그 마음, 충분히 이해됩니다.
하지만 오랜 시간 교육의 현장을 지켜본 한 사람으로서
분명히 말씀드리고 싶습니다.

함께 가는 것이 늘 좋은 선택은 아닙니다.
유치원이나 어린이집 상담은
'정보의 자리가 아니라 감정의 자리'입니다.
눈앞의 프로그램보다 더 중요한 것은
공간에서 느껴지는 온도, 교사의 말투, 유아들의 표정 같은 감정의 결입니다.
그런데 여러 사람이 함께 가면
이 감정이 섞이고, 왜곡되고, 쉽게 휩쓸립니다.
누군가는 교사의 친절함을 "좋다"라고 느끼지만,
다른 이는 "너무 과하다"라고 말합니다.

누군가는 교실이 밝다고 말하지만,
또 다른 이는 "산만하다"라고 느낍니다.
같은 장면을 보아도 사람마다 해석은 다릅니다.
결국 내 자녀에게 맞는 공간을 찾는 시간이
타인의 감정에 휘둘리는 시간이 되어버립니다.
특히 지인들과 함께 상담을 들으면
진짜 우리 가족에게 꼭 필요한 질문을 하기 어려워집니다.

옆 사람의 시선을 의식하다 보면
묻고 싶은 이야기를 꺼내지 못하고,
상담은 어느새 '우리 집 아이'가 아닌
'우리 무리의 기준'으로 흘러갑니다.
모든 유아는 저마다의 색깔을 지녔습니다.
활달한 성향의 아이에게 맞는 환경이
조용하고 사색적인 성향의 아이에게는
오히려 부담이 될 수도 있습니다.

그래서 입학 상담은 개인의 경험이어야 하고,
결정은 가정의 감각으로 내려야 합니다.
자녀의 기질과 생활 리듬,
그리고 가족의 가치와 철학을 가장 잘 아는 사람은
다른 누구도 아닌, 그 곁의 어른이기 때문입니다.

저는 이렇게 말씀드리고 싶습니다.

"우리 아이의 인생은 집단의 의견이 아니라,
사랑하는 이의 시선으로 결정되어야 합니다."

좋은 원을 고르는 기준은
남의 말이 아니라, **당신이 느끼는 평온함**입니다.

확신이 길을 밝히는 순간

유치원이나 어린이집을 고를 때,
많은 이들이 원의 규모나 교사의 태도에 집중합니다.
하지만 그보다 먼저 살펴야 할 것이 있습니다.
바로 **자신의 마음 상태**입니다.

마음이 불안하거나 기분이 좋지 않은 날 상담을 받으면
그 불안이 그대로 공간의 인상에 투영됩니다.
교사의 표정이 무표정하게 느껴지고,
유아들의 웃음이 시끄럽게 들리며,
짧은 설명조차 냉담하게 들릴 수 있습니다.

반대로 마음이 평온할 때는
같은 공간에서도 따뜻한 기운과 진심이 느껴집니다.
그래서 저는 늘 이렇게 말씀드립니다.
"기분이 좋은 날 상담을 가세요."
마음이 열려 있을 때만 세상의 온기를 제대로 느낄 수 있습니다.

그날의 감정이 곧 방향을 결정하기 때문입니다.

어른의 마음은 길을 비추는 거울입니다.
불안한 마음은 자녀에게 불안을,
평온한 마음은 안정감을 전합니다.
심리학 연구에서도 밝혀졌습니다.
표정 하나, 목소리의 높낮이 하나가
유아의 정서적 안정에 직접적인 영향을 미칩니다.

유치원이나 어린이집을 방문할 때,
문을 여는 순간 느껴지는 분위기는
결국 당신의 내면 상태에 따라 달라집니다.
웃음소리, 교사의 미소, 원장의 말투,
이 모든 것이 마음의 렌즈를 통해 해석됩니다.
그러니 원을 고를 때는
먼저 마음을 정돈하는 일부터 시작하세요.
불안하고 조급할 때는 한 번 더 숨을 고르고,
자신의 중심을 되찾으세요.

평온한 마음은 다시 평온을 만들고,
사랑의 눈빛은 자녀에게 세상이 안전하다는 신호를 줍니다.

결국 유치원 생활의 시작점은
가정의 마음, 한 사람의 확신에서 비롯됩니다.

집안의 중심이 흔들리지 않을 때

그 하루는 편안해지고,

행복은 그 확신 위에서 자라납니다.

믿음을 주는 리더의 품격

35년간 유아교육 현장에서 수많은 가정을 만나며
한 가지 분명히 깨달은 것이 있습니다.
유치원을 선택하는 일은 정보보다 **확신**에서 시작되어야 한다는 것입니다.

겉으로는 '좋은 기관'을 선택했다고 믿더라도
마음속에 확신이 부족하면 그 믿음은 금세 흔들립니다.
'다들 좋다니까 보내보자.'
'나쁘진 않겠지.'
이런 마음으로 내린 결정은 잠시의 안도감을 줄 수는 있어도
결국 다시 불안으로 되돌아옵니다.
불안은 눈빛에 스며들고,
그 시선은 곧 아이에게 전해집니다.
실제로 많은 이들이 입학 후 몇 달 지나지 않아 원을 옮기는 이유는
'환경'이 아니라 내면의 확신이 부족했기 때문입니다.

확신이 없는 선택은 비교를 낳고,
비교는 불안을 키웁니다.
그 불안은 아이에게 전염되어

"나, 잘하고 있는 걸까?"라는 의심으로 바뀝니다.
어른의 표정을 통해 세상을 배우는 존재이기에
마음이 흔들리면 하루도 불안해집니다.
반대로 확신을 가진 사람은 다릅니다.
상담 자리에서도 눈빛이 단단하고 말이 따뜻합니다.

"괜찮아, 너는 잘할 수 있어."
이 한마디가 세상에서 가장 든든한 울타리가 됩니다.
그 말 속에는 안정이 담겨 있고,
안정은 곧 자신감을 키웁니다.
확신이 있는 양육자는 결과보다 과정을 믿습니다.
작은 문제 앞에서도 "지켜보자, 곧 좋아질 거야."
이렇게 말할 수 있는 여유는 교사에게도 믿음으로 전해지고,
그 믿음은 다시 따뜻한 관계로 돌아옵니다.
결국 리더십은 거창한 것이 아닙니다.

"괜찮다."라는 한마디의 용기,
"한 번 믿고 가보겠습니다."라는 확신,
이 두 가지가 진정한 어른의 품격입니다.
이런 믿음 안에서 자란 아이는
세상 앞에서도 쉽게 흔들리지 않습니다.
그들에게 필요한 것은 완벽한 환경이 아니라

집안이 마음의 중심을 잡고 있는 안정감입니다.
가정이 중심을 지키면 교사는 신뢰 속에서 안심하고,
그 신뢰는 다시 아이에게 평온으로 흘러갑니다.

결국 확신이 행복을 지키는 힘입니다.
유치원이나 어린이집을 고를 때
가장 중요한 출발점은 이 한마디입니다.
"나는 우리 아이를 믿는다."
한 번 선택했다면 끝까지 함께 걸어가는 용기—
그 믿음이야말로 아이에게 보여줄 수 있는
가장 크고, 가장 따뜻한 리더의 품격입니다.

대화가 품은 교육의 깊이

처음 상담실 문을 열고 들어가는 순간을 떠올려 보세요.
문이 살짝 열리며 들리는 인사, 교사의 시선,
의자에 앉기 전 건네는 첫 한마디—
이 짧은 순간 안에 이미 기관의 철학과 기운이 담겨 있습니다.
낯선 공간에서 오가는 인사말 속에는
말보다 더 많은 이야기가 숨어 있습니다.
"어서 오세요."라는 짧은 문장이라도,
그 말이 입술에서만 나온 말인지,
아니면 마음에서 흘러나온 말인지는 금세 느껴집니다.

말의 내용보다 더 중요한 것은,
그 말에 담긴 숨결입니다.
원장이 밝은 미소로 인사할 때,
그 미소가 단순한 예의인지,
진심 어린 환대인지를 느껴보세요.
그 순간, 이미 마음은 움직이기 시작합니다.

그리고 대화가 이어질 때,

상대의 이야기를 들으며 얼마나 눈을 맞추는지,
얼마나 고개를 끄덕이며 끝까지 귀 기울이는지를 살펴보세요.
한 번의 시선, 작은 몸짓 속에
그 원의 철학이 담겨 있습니다.
아이를 위한 교육은 교실에서만 이루어지지 않습니다.
시작은 가정과 원이 나누는 짧은 대화의 온기에서 비롯됩니다.

서로의 마음을 존중하고,
아이가 중심이 되는 이야기가 오가는 순간,
이미 정서적 안전의 첫걸음이 시작됩니다.
상담 자리에서 기억하면 좋은 기준이 있습니다.

- **원장의 말투에 여유와 따뜻함이 묻어나는가?**
- **대화가 아이 중심으로 흐르는가?**
- **질문을 자연스럽게 받아들이는가?**
- **교사와 아이를 대할 때 존중과 배려가 느껴지는가?**

이 네 가지는 단순한 체크리스트가 아닙니다.
기관이 사람을 대하는 태도이자,
하루를 바라보는 마음의 방향입니다.
대화가 부드럽고 따뜻한 곳이라면
그 온기가 교실의 공기로 번져갑니다.

그곳의 아이들은 말투가 부드럽고,
서로를 대할 때도 따뜻한 언어를 사용합니다.

결국 하루는
이 첫 만남에서 나눈 말 한 줄, 눈빛 하나, 태도 하나에서 자라납니다.
말은 분위기를 바꾸고,
대화는 아이를 품는 그릇이 됩니다.

좋은 기관의 상담실은
말보다 마음이 먼저 들리는 곳,
듣는 사람이 따뜻한 숨으로 기다려 주는 곳입니다.
그곳에서 이미 내일의 교육이,
조용히 시작되고 있습니다.

표정을 바꾸는 교사의 힘

많은 부모들은 유치원을 선택할 때 이렇게 묻습니다.
"하루에 영어 수업은 몇 번 있나요?"
"특별활동은 몇 가지나 하나요?"
하지만 진짜 중요한 건 수업의 수가 아니라 일상의 리듬입니다.
리듬이 고른 하루는 음악처럼 자연스럽습니다.
놀이와 휴식, 몰입과 여유, 웃음과 멈춤이
서로 어깨를 맞대고 고르게 흘러갑니다.
그 속에서 아이는 배움을 '공부'가 아니라 '삶'으로 받아들입니다.
자신이 존중받고 있음을 느끼며 자라나고,
교실의 시간은 하나의 긴 숨처럼 잔잔히 이어집니다.

한 어린이집에서는 하루에 두 번 '멍하니 있는 시간'을 운영합니다.
창가에 앉아 햇빛을 바라보며 잠시 머리를 비우는 시간입니다.
놀랍게도 이 시간은 가장 인기 있는 시간이라고 합니다.
"선생님, 오늘 멍하니 있는 시간은 언제예요?"
이렇게 묻는 아이들의 얼굴에는
편안한 미소가 번집니다.
늘 배우고, 늘 해야 하고, 늘 준비해야 하는 일상 속에서

'아무것도 하지 않아도 괜찮은 시간'을 허락받을 때,
아이는 비로소 자신을 회복합니다.
교육은 "빨리 배우는 법"이 아니라,
"자신의 속도로 배우는 법"을 알려주는 일입니다.

진짜 교육은 빡빡한 일정표에 있지 않습니다.
숨 쉴 수 있는 여백,
멈출 수 있는 순간을 허용하는 곳에 있습니다.
여백이 마음의 공간이 되고,
공간에서 자라납니다.
좋은 하루의 온도는 따뜻하지만 느긋한 리듬입니다.
교사의 마음이 여유로울 때 표정도 부드러워지고,
교실의 시간은 흘러가는 것이 아니라 조용히 이어집니다.
부드러운 흐름이 결국 표정을 바꾸고,
표정이 다시 교실을 따뜻하게 만듭니다.

작지만 의미 있는 하루의 장면

일상을 진정으로 바꾸는 것은
거대한 프로그램도, 특별한 교육법도 아닙니다.
바로 시간 속에 숨어 있는 작은 순간들입니다.

놀이가 끝난 뒤 의자를 가지런히 놓는 손,
친구에게 조용히 "괜찮아."라고 건네는 눈빛,
"오늘은 네가 참 멋졌어."라는 다정한 한마디,
이 평범한 순간들이 마음을 단단하게 세웁니다.
어린 존재들은 '누가 많이 가르쳤는가'보다
'누가 자신을 진심으로 기억해 주었는가'를 더 오래 기억합니다.
그 작은 순간들이
"나는 소중한 사람이야."라는 확신으로 바뀔 때,
비로소 세상을 믿는 법을 배웁니다.

그래서 부모가 상담을 받을 때는
기관이 하루의 시간을 어떻게 대하는지를 들어보는 것이 중요합니다.

수업 계획보다,

하루의 리듬 속에서 아이들을 어떻게 바라보는가를 물어보세요.

상담 자리에서는 이렇게 물어볼 수 있습니다.

"힘들어할 때 어떤 말을 해주시나요?"

"친구들끼리 다툴 땐 어떻게 도와주시나요?"

"쉬는 시간엔 진짜로 쉴 수 있나요?"

"하루를 마무리할 때 어떤 말을 전해주시나요?"

이 질문들 속에 기관의 철학이 드러납니다.

좋은 원은 일과를 '기록'이 아닌 '이야기'로 기억합니다.

실수를 지적하기보다 기다려 주고,

행동을 판단하기보다 감정을 이해하려 합니다.

그렇게 시간의 결이 쌓일 때,

마음은 안정감을 배우고 스스로를 사랑하는 힘을 키워갑니다.

결국 사람을 자라게 하는 것은

커다란 계획이 아니라,

매일의 짧고 따뜻한 순간들입니다.

그 순간들이 모여,

인생이 됩니다.

결정이 비추는 아이의 미래

유치원과 어린이집을 처음 방문하는 날,
많은 부모의 마음에는 설렘보다 불안이 앞섭니다.
'우리 자녀가 잘 지낼까?'
'이곳이 정말 괜찮은 곳일까?'
작은 문 앞에 앉아 있으면
마치 미래를 대신 결정해야 하는 사람처럼 숨이 막히기도 합니다.
그러나 문이 열리고
원장님이 밝은 미소로 "어서 오세요."라고 인사하는 순간,
따뜻한 말 한마디에 긴장이 스르르 풀립니다.
좋은 선택은 결국 사람의 진심에서 시작됩니다.
한 어머니는 이렇게 이야기했습니다.
"제가 '우리 아이가 낯을 많이 가리는데 괜찮을까요?'라고 묻자,
원장님께서 환하게 웃으며 말씀하셨어요.
'모든 유아는 저마다의 속도가 다를 뿐이에요.
우리는 그 속도를 충분히 기다려 줄 준비가 되어 있습니다.'
그 한마디에 제 모든 불안이 눈 녹듯 사라졌어요."
그날 어머니는 깨달았습니다.
좋은 선택은 정보가 아니라 공감에서 시작된다는 것을.

설명이 아니라 마음이 통하는 곳,

이해보다 '함께 기다려 주는 마음'이 있는 곳,

그곳이 바로 행복이 자라나는 공간이라는 사실을.

결국 유치원과 어린이집을 고른다는 것은

건물을 선택하는 일이 아닙니다.

아이의 하루를 함께 만들어갈 사람을 선택하는 일입니다.

선택의 기준은

다른 사람의 평가가 아니라

스스로 느끼는 확신이어야 합니다.

확신은 미래를 비추는 작은 빛이 됩니다.

오늘의 결정이 내일의 웃음을 만듭니다.

불안이 아니라 믿음으로,

비교가 아니라 사랑으로,

마음으로 문을 열면—

그곳이 우리 가족의 첫 학교,

새로운 시작의 이름이 됩니다.

가이드 2

선택의 자리에서: 부모의 첫 학교 이야기

"아이의 행복은 성적이 아니라 표정이에요."
김하늘, 34세, 다섯 살 아이 엄마

첫 상담 날, 나는 설렘과 긴장 속에 유치원 원장님을 만나러 갔습니다.
교육과 커리큘럼에 관해 미리 준비한 질문들이 있었지만,
상담실 문을 들어서는 순간에는 자녀의 손을 꼭 쥔 채
가슴이 두근거리고 머릿속이 텅 빈 듯하였습니다.
그때 원장님은 내 모습을 보며 부드럽게 미소를 지으셨습니다.
"어머님, 행복은 성적이 아니라 표정이에요.
매일 아침, 웃는 얼굴로 우리 유치원 문을 활짝 열고 들어오는 것,
그것이 우리가 함께 만들어야 할 첫 번째 목표입니다."
그 한마디는 긴장된 마음을 탁 내려놓게 하는 따뜻한 위로였습니다.

순식간에 마음이 가벼워지고,
그 안에서 이런 확신이 피어올랐습니다.
'이곳이라면 우리 아이도 매일 밝게 웃으며 등원하겠구나.'
그날 나는 알았습니다.

정말 좋은 유치원이란 커리큘럼보다 먼저
하루의 웃음을 소중히 여기는 곳이라는 것을.
상담실을 나서며 내내 미소가 지어졌습니다.
그 미소는 단순한 안도감이 아니라
'함께 행복을 만들어갈 수 있겠구나.' 하는 믿음이었습니다.

"우리 아이의 속도는 정답이에요."

이수진, 42세, 여섯 살 아이 엄마

다른 아이들보다 우리 아이가 조금 느리다는 말을 들은 뒤로,
내 마음 한구석에는 늘 짙은 그림자가 드리워져 있었습니다.
또래가 쉽게 해내는 일을 우리 아이는 조금 더디게 따라갔고,
그 모습을 볼 때마다 '혹시 뒤처지는 건 아닐까.' 하는 걱정이 밀려왔습니다.
상담 날, 나는 긴장된 마음으로 원장님 앞에 앉았습니다.
"제 아이가 좀 느린 것 같아요… 발달이 늦은 걸까요? 괜찮을까요?"
말을 꺼내는 순간 목이 메고, 손끝이 떨렸습니다.
그때 원장님은 내 손을 조용히 잡아주었습니다.
그리고 단호하면서도 따뜻한 목소리로 말씀하셨습니다.
"어머니, 그건 느린 게 아니에요.
모든 존재는 저마다의 속도로 자라요.
우리 원에서는 모든 속도가 다 정답이에요."
그 한마디에 눈물이 왈칵 쏟아졌습니다.
누구도 그렇게 말해준 적이 없었습니다.
그 말이 내 마음의 빗장을 열어주었고,
오랫동안 움츠러져 있던 죄책감이 서서히 녹아내렸습니다.
그날 이후 나는 '발달이 늦다'라는 말 대신
'자기 리듬으로 자란다'라는 표현을 쓰기 시작했습니다.

걷는 속도는 느렸지만, 그 안에는 분명 자신만의 호흡이 있었습니다.

이제는 조급하지 않습니다.

나는 '앞서게 하려는 엄마'가 아니라

'함께 걸어주는 엄마'가 되려 합니다.

조금 느려도 괜찮습니다.

그 속도 안에는 그 아이의 세상,

그 마음의 시간,

그리고 진심이 자라고 있으니까요.

"엄마가 불안하면 아이는 먼저 숨을 멈춥니다."
한지영, 43세, 일곱 살 아이 엄마

입학을 앞둔 원의 상담실에 앉아 있던 나는 걱정으로 온몸이 굳어 있었습니다.
새로운 환경에 아이가 낯을 많이 가릴까 두렵고,
그 생각만으로도 마음이 조여 왔습니다.

나는 솔직하게 걱정스러운 목소리로 말씀드렸습니다.
"우리 아이가 낯가림이 심해요. 그래서 제가 너무 걱정이 많아서요."

원장님은 잠시 눈을 맞추며 미소 지으시더니 단호하면서도 다정하게 대답하셨습니다.
"엄마가 불안하면 아이는 먼저 숨을 멈춥니다.
어머님의 평안이 곧 아이의 안전이에요."

그 한마디는 얼어붙은 마음을 녹이는 따뜻한 햇살 같았습니다.
순간, 눈앞의 불안이 연기처럼 사라지는 것 같았고
긴장되었던 마음이 한순간에 풀어졌습니다.
단순한 위로를 넘어,
부모로서 내가 진짜로 해야 할 일이 무엇인지, 깊은 깨달음을 주는 말이었습니다.

그날 나는 비로소 내 마음부터 편안하게 다독이며,
아이를 바라보는 연습을 시작해야겠다고 다짐했습니다.

"아이의 하루는 어른의 말투로 시작됩니다."
박미선, 38세, 다섯 살 아이 엄마

면담실에 앉자마자 원장님은 다정하게 물으셨습니다.
"우리 연우는 어떤 말을 가장 좋아하나요?"

나는 잠시 생각한 뒤 대답했습니다.
"연우는 특히 '잘했어.'라는 칭찬과 '사랑해요.'라는 말을 들으면 활짝 웃어요."

원장님은 환하게 웃으며 말씀하셨습니다.
"그 말투 그대로, 교사들이 아침을 엽니다.
아이의 행복한 하루는 어른의 말투로 만들어지거든요."

한마디가 내 가슴 깊이 울림을 주었습니다.
교사들이 건네는 말 한마디가 곧 아이에게 전해지는 교육이고,
말투 하나하나가 철학이 된다는 뜻이었기 때문입니다.

"우리 아이는 이곳에서 따뜻한 언어를 배우며 자라겠구나."
생각만으로 마음이 절로 따뜻해졌습니다.

"아이를 평가하지 않고, 이해하려 합니다."
정선아, 37세, 네 살 아이 엄마

낯을 많이 가리고 자주 울었기 때문에,
다른 원에 상담하러 갔을 때마다 "적응이 오래 걸릴 거예요."라는 말만 들었습니다.

답답한 마음을 안고 다시 상담실에 들어서서, 나는 솔직하게 물었습니다.
"우리 아이가 아직도 낯을 많이 가리고 울기도 하는데, 괜찮겠죠?"

원장님은 다정하게 고개를 끄덕이시며 대답하셨습니다.
"저희는 아이를 평가하지 않고, 이해하려 합니다.
울음도 아이에게는 중요한 언어예요.
왜 우는지, 소리를 들을 줄 아는 선생님들이 여기 있습니다."

말씀을 듣는 순간, 마음 깊숙이 안도감이 번졌습니다.
그동안 귀에 맴돌던 '적응'이라는 말 대신, 이곳에서는 우리 아이가 '이해' 받을 수 있다는 확신을 갖게 되었습니다.

그날 이후로는 원을 선택할 때도 '적응'이 아닌 '이해'를 기준으로 삼고 있습니다.

엄마로서 내 시선이 완전히 바뀐 날이었습니다.

"놀이는 아이의 공부고, 웃음은 아이의 에너지입니다."
최윤희, 40세, 다섯 살 아이 엄마

면담실 벽에는 흙을 만지며 뛰노는 아이들의 사진이 빼곡히 붙어 있었습니다.
맨발로 흙을 밟으며 깔깔대는 모습,
손에 흙을 묻히고도 웃음을 멈추지 않는 얼굴들.
그 생생한 표정들을 바라보며 나는 문득 생각했습니다.
'이렇게 놀기만 해서 괜찮을까?'
그래서 조심스레 물었습니다.
"그럼 이곳에서는 공부를 언제 하나요?"
원장님은 잠시 나를 바라보더니 환하게 웃었습니다.
"놀이는 공부고, 웃음은 에너지예요.
놀면서 세상을 배우고, 웃으면서 자라지요."
말은 가볍게 들렸지만, 이상하게도 가슴 한가운데에 따뜻함이 스며들었습니다.
순간 숨이 멎은 듯 말이 나오지 않았습니다.
'그렇구나, 내 아이는 지금도 충분히 배우고 있었구나.'
그동안 '공부'라는 단어에 매달려
놀이를 그저 쉬는 시간 정도로 여겼던 마음이
천천히 녹아내렸습니다.
놀이는 단순한 여가가 아니라,

세상을 넓히는 창이라는 사실을 그제야 깨달았습니다.

면담이 끝난 뒤에도 원장님의 한마디가 마음속에 오래 남았습니다.

"놀이는 공부고, 웃음은 에너지입니다."

그 말은 단순한 설명이 아니라,

아이를 진심으로 이해하는 사람만이 건넬 수 있는 교육의 언어였습니다.

그날 나는 알았습니다.

아이를 잘 키운다는 건 더 많이 가르치는 일이 아니라

더 깊이 믿어 주는 일이라는 것을.

그래서였을까요.

면담실을 나서는 순간, 나도 모르게 미소가 번졌습니다.

웃음이 곧 배움이고,

그 웃음이 자라 아이의 인생을 비추는 빛이 된다는 사실을

비로소 진심으로 느낄 수 있었습니다.

"아이의 하루는 부모와 함께 만듭니다."

차은수, 36세, 여섯 살 아이 엄마

마지막 상담이 끝나갈 무렵,
원장님은 잠시 미소를 짓더니 조용히 말씀하셨습니다.
"일과는 교사 혼자 만드는 게 아닙니다.
부모와 함께 만들어가는 시간이어야 진짜 의미가 있습니다."

마음 깊은 곳이 울컥했습니다.
그동안 나는 아이의 하루를 유치원에 '맡긴다'라고만 생각했습니다.
내 역할은 등원시키고, 숙제 챙기고,
행사 때 박수 치는 일이라 생각했습니다.

그 한마디가 내 생각을 바꾸어 놓았습니다.
"부모와 함께 만들어가는 시간."
그 말속에는 교사와 부모가 아이를 중심에 두고
함께 호흡하며 성장해 간다는 진심이 담겨 있었습니다.

순간, 묘한 위안이 찾아왔습니다.
아이를 잘 키워야 한다는 부담감보다
'함께 키워갈 수 있다'라는 안도감이 들었습니다.

나는 엄마이면서 동시에 교사의 동반자라는 사실이
이토록 마음을 든든하게 해줄 줄 몰랐습니다.
집으로 돌아오는 길, 창밖을 바라보다가 빙그레 미소가 피어났습니다.

이제 유치원은 '맡기는 곳'이 아니라,
아이와 나, 그리고 교사가 함께 일상을 그려가는 공간이라는 생각이 들었습니다.
깨달음 하나가 내 마음을 조용히 단단하게 만들어 주었습니다.
오늘의 작은 대화가,
우리의 내일을 아이와 함께 빚어가는 시작이 되었습니다.

PART 3

좋은 질문이 좋은 상담을 만든다

section ①
신뢰를 여는 대화

"준비된 질문이 좋은 상담을 만든다."
유치원이나 어린이집 상담실 문턱에 선 이들의 손에는
수많은 정보가 담긴 안내서가 들려 있습니다.
그러나 진짜 중요한 것은 **무엇을 묻느냐보다 어떤 마음으로 묻느냐**입니다.

문을 열기 전, 가슴은 설렘과 긴장으로 조금 더 빨리 뜁니다.
손에 든 서류와 자료들이 아무리 많아도
가장 먼저 떠오르는 생각은 이렇습니다.
"이곳이 우리 아이에게 괜찮은 곳일까?"
"잘 적응할 수 있을까?"
그 질문 속에는 사랑과 두려움이 함께 담겨 있습니다.

상담 자리에 앉으면 많은 이들이
교구나 시설처럼 눈에 보이는 것부터 확인하고 싶어 합니다.
하지만 일상을 결정짓는 진짜 열쇠는 사람의 온도입니다.
교사의 미소 한 번, 원장의 말투 한마디에
그 공간이 지향하는 철학과 기운이 스며 있습니다.
설명을 듣는 동안 마음은 불안과 기대 사이를 오갑니다.

속으로 '과연 이곳이 괜찮을까.', '우리 아이가 잘 지낼 수 있을까.'
생각이 피어오를 때,
조급한 질문보다 깊은 대화가 필요합니다.
진심으로 건네는 한마디의 질문은 원장의 철학을 드러내고,
의미 있는 대화는 불안을 녹입니다.
교직원들의 분위기, 원장의 눈빛, 아이들의 웃음소리 속에는
그곳이 지키고자 하는 교육의 숨결이 숨어 있습니다.

이 책의 1부는, 상담을 앞둔 이들이 마음을 준비할 수 있도록 쓰였습니다.
정보를 좇기보다 잠시 멈추어
"우리 아이의 하루가 어떤 모습이 되기를 바라는가?"를
스스로에게 물어보시기 바랍니다.
질문의 깊이가 달라지면 상담실의 공기도 달라집니다.
변화된 공감의 리듬 속에서
아이에게 어울리는 첫 배움터의 모습이
천천히, 그러나 분명하게 드러날 것입니다.

숨 쉴 여유를 주는 이야기

엄마, 지금 당신은 상담실 문 앞에 서 있습니다.
하얀 문 너머로 들려오는 아이들의 웃음소리,
창가로 부드럽게 스며드는 햇살,
그리고 잠시 후 마주하게 될 원장의 미소.
이 모든 순간이 당신의 마음을 설레게도 하고
살짝 긴장시키기도 합니다.

문을 열고 들어서며 스스로에게 물어보세요.
"내 아이는 이곳에서 숨 쉴 수 있을까?"
이 한 문장이 바로 오늘 대화의 시작입니다.
원장이 반갑게 인사합니다.
"어서 오세요. 우리 친구가 몇 살이죠?"
말의 분위기를 느껴보세요.
말에 따뜻한 숨결이 있는지,
단순한 인사가 아닌 진심이 담겨 있는지를.
눈앞에 펼쳐진 교실의 크기, 깨끗한 장난감, 정돈된 게시판,
이런 것들은 잠시 잊어도 좋습니다.

진짜 중요한 건 아이의 하루가 아니라,
'하루를 이루는 흐름이 얼마나 자연스러운가?'입니다.
"일과가 어떻게 구성되어 있나요?"라고 물어보세요.
답변 속에서 여유와 쉼이 느껴지는지 살펴보세요.
놀이와 휴식이 균형 있게 이어지는지,
아니면 빽빽한 시간표로 채워져 있는지.
리듬이 안정된 원은 숨이 편안합니다.

교실마다 차분한 온기가 있고,
아이들은 긴장 대신 몰입으로 시간을 살아갑니다.
반대로 빽빽한 일정 속에서는
웃음보다 한숨이 많아집니다.

엄마의 질문 하나가 원의 리듬을 바꿉니다.
"우리 아이가 이곳에서 편하게 쉴 수 있을까요?"
이 질문 앞에서, 진짜 원장은 눈빛이 달라집니다.

교사의 눈으로 다시 본 아이

이제 원장의 말을 들으며 잠시 시선을 아이 곁의 사람들에게 옮겨 보세요.
아이 옆에 앉은 교사들, 복도를 오가는 현장의 걸음,
그들의 눈빛과 표정을 천천히 살펴보세요.

상담 중에 이렇게 물어보세요.
"원장님, 교사분들은 어떤 지원을 받고 있나요?"
이 질문은 '관리 체계'를 묻는 것이 아니라,
그 기관이 사람을 어떻게 대하는가를 묻는 질문입니다.
좋은 원장님은 이렇게 대답합니다.
"저희는 교사들을 가장 큰 자산으로 생각합니다. 정기적으로 연수를 하고,
힘든 일이 생기면 언제든 이야기할 수 있는 분위기를 만들었습니다."
이 짧은 문장 속에서 관계의 품격이 드러납니다.
현장이 존중받는 곳에서는 아이의 시간이 따뜻하게 흐릅니다.

지쳐 있지 않은 교실에서는 웃음이 자랍니다.
반대로 존중이 사라진 곳에서는 불안이 스며듭니다.
대화를 나누며 그들의 얼굴을 떠올려 보세요.
눈빛이 따뜻한가요?

서로에게 미소를 건네나요?
그 한 장면이 바로 원의 분위기와 리듬을 보여줍니다.

엄마의 질문은 단순한 '정보 확인'이 아닙니다.
그건 공간의 온도와 관계의 결을 읽는 감정의 리더십입니다.
"이곳의 교사분들이 참 행복해 보이네요."
이 한마디를 덧붙여 보세요.
그 말을 들은 원장의 표정이 곧 그 원의 철학을 말해줍니다.
미소의 진심이 아이의 하루를 따뜻하게 만듭니다.

적응을 돕는 따뜻한 한마디

"우리 아이가 낯을 좀 많이 가려요."
엄마는 조심스레 말을 꺼냅니다.
이때 원장의 눈빛이 달라집니다.
좋은 원장님은 다정하게 고개를 끄덕이며 말합니다.
"괜찮습니다. 아이마다 속도가 다르니까요.
처음엔 낯설겠지만, 저희가 천천히 기다릴게요."
그 말 한 줄에 위로가 있습니다.
그리고 신념이 있습니다.

아이를 조급하게 '적응시키는 곳'이 아니라
마음이 열릴 때까지 '함께 기다려 주는 곳'.
대화를 통해 마음으로 느껴보세요.
이 공간이 속도를 존중할 수 있는 곳인지.

상담 중 이렇게 조심스레 물어보세요.
"처음 등원할 때, 선생님께서 우리 아이가 편안해질 수 있도록 어떤 방법으로 도와주시나요?"
좋은 원장님은 주저하지 않습니다.

"네, 첫날에는 선생님이 새로 온 친구들에게 조금 더 다가가요.
낯설지 않게 손을 잡아주고, 천천히 교실을 둘러보게 도와줍니다."
그 말을 듣는 순간, 엄마의 눈가가 뜨거워집니다.
짧은 문장 안에 '기다림의 철학'이 담겨 있기 때문입니다.

적응은 일주일짜리 일정표가 아닙니다.
마음의 문이 열리는 속도입니다.
그 속도를 존중해 주는 사람을 만나는 것이
부모가 해줄 수 있는 가장 큰 선택입니다.
엄마의 질문이 곧 미래를 여는 열쇠입니다.
따뜻한 질문 하나가 하루를 바꾸고,
대화의 온기가 평생의 기억으로 남습니다.

교사 교체, 아이의 감정 먼저 보기

부모가 가장 많이 하는 걱정 중 하나는
"담임이 자주 바뀌면 어쩌죠?"라는 질문입니다.
특히 낯가림이 있거나 정서적으로 예민한 아이일수록
담임이 바뀌면 다시 적응해야 하고,
그 피로가 마음속에 오래 남습니다.
그래서 **상담 자리에서는 교직의 안정성과 원의 분위기를 먼저 살펴야 합니다.**

복도나 교실 입구에 걸린 교사진 소개판을 보세요.
사진 속 표정이 밝고 따뜻하다면,
그곳은 서로를 존중하며 함께 성장하는 환경일 가능성이 높습니다.
상담 중에는 이렇게 물어보세요.
"원장님, 교사분들은 평균 얼마나 오랫동안 근무하시나요?"
"담임이 1년에 몇 번 정도 바뀌나요?"
"오랫동안 함께할 수 있도록 어떤 지원을 하고 계신가요?"
이 질문들은 단순히 인사 체계를 확인하는 것이 아니라,
우리 아이가 매일의 시간을 안심하고 보낼 수 있을지를 묻는 질문입니다.

좋은 기관은 교직원을 '인력'이 아니라 '동료'로 대합니다.

그래서 오랫동안 머물 수 있도록 정서적·조직적 지원을 세심히 마련합니다.
부모의 마음은 언제나 같습니다.
"새로운 선생님이 오면 우리 아이가 다시 적응해야 하지 않을까?"
이 걱정을 덜어주는 것은 화려한 시설이 아니라, 원장의 태도입니다.
원장이 이렇게 말한다면 믿을 만합니다.
"우리 원은 교사들이 오래 머물 수 있도록 연수와 상담,
그리고 충분한 휴식 제도를 함께 운영하고 있습니다.
교직원의 행복이 곧 아이의 안정이라고 생각합니다."
이 한마디 안에는 그 원의 문화가 담겨 있습니다.

현장의 어른들이 존중받고 오래 머무는 곳,
그곳에서 자라는 아이는 자연스럽게 존중을 배웁니다.
결국 부모가 주목해야 할 것은 사람의 눈빛입니다.
"이곳에서 오래 일하고 싶어요."
그 말이 자연스럽게 나올 수 있는 곳—
그런 따뜻한 지속성이야말로 자녀의 마음을 지켜 주는 진짜 울타리입니다.
그 울타리 안에서 익숙한 얼굴을 만나고,
늘 같은 목소리 속에서 안정감을 배우며 하루가 자랍니다.
현장이 행복한 곳,
그곳이 바로 집보다 가까운 두 번째 품입니다.

부모와의 소통이 단단한 아이를 만든다

좋은 소통은 단순한 '기록'이 아니라
사람과 사람을 잇는 **신뢰의 끈**입니다.
요즘 대부분의 원에서는 매일 아이의 모습을 사진으로 전송합니다.
점심을 먹는 장면, 색종이를 자르는 손, 운동장에서 뛰노는 모습—
그 사진을 보는 순간 웃음이 번집니다.
하지만 그 웃음은 오래가지 않습니다.
표정은 보이지만, 마음의 온도까지는 전해지지 않기 때문입니다.

가정이 진짜 듣고 싶은 것은 사진 너머,
교사가 전해주는 이야기의 숨결입니다.
"오늘 ㅇㅇ가 친구에게 자리를 양보했어요."
"ㅇㅇ가 그림을 그리다 속상했지만, 혼자 노래를 부르며 마음을 달랬어요."
이런 말 한 줄 속에는 세심한 눈길, 따뜻한 시선, 애정의 마음이 함께 담겨 있습니다.
그 따뜻한 한마디가 하루의 피로를 녹이고,
집안의 시간을 부드럽게 바꿔줍니다.

상담 자리에서는 이렇게 물어보세요.

"하루의 모습을 어떤 방식으로 전해주시나요?"
"사진 외에도 아이의 감정이나 상황을 직접 이야기해 주시나요?"
"정기 상담 외에 궁금한 점이 생기면 언제든 연락드려도 될까요?"
이 질문에 원장이 얼마나 구체적이고 따뜻하게 답하는지 들어보세요.
"사진과 문자로만 보내드립니다."라는 말은 단순한 정보 전달에 그칩니다.
하지만 이렇게 말한다면 믿어도 좋습니다.
"저희는 하루에 한 장면이라도 교사들이 짧은 기록으로 남깁니다.
사진과 함께 아이의 감정과 행동을 전해 드리고,
언제든 궁금하신 점은 바로 연락 주시면 됩니다."
이 짧은 답변 안에 이미 '관계 중심의 철학'이 살아 있습니다.

**좋은 원은 '아이를 보내는 소통'이 아니라
'아이와 가정을 이어주는 대화'를 합니다.**

상담이 끝나고 돌아서는 길,
머릿속에는 교사의 표정이 남습니다.
"저 선생님, 말할 때 참 편안했어."
"이름을 부를 때 눈빛이 따뜻했어."
그 짧은 인상이 마음속 확신으로 자리 잡습니다.

사진보다 중요한 것은 말 속에 담긴 온기입니다.
사진은 표정을 보여주지만, 감정의 결은 담지 못합니다.
같은 장면이라도 표현에 따라 교육의 깊이는 달라집니다.

"○○가 오늘 블록 놀이를 했습니다."

vs

"○○가 블록 놀이를 하며 친구에게 '우리 같이 하자.'라고 말했어요."

앞 문장은 '사실의 기록'이고,
뒤 문장은 '관계의 언어'입니다.
좋은 교육은 바로 이 두 번째 문장에서 자랍니다.
따뜻한 교사는 하루를 마무리하며 이렇게 말합니다.

"○○가 오늘 친구와 작은 다툼이 있었는데,
스스로 '미안해.'라고 말하였어요.
내일은 더 다정하게 인사하겠다고 약속했답니다."

이 한 줄에는 관찰력과 기다림,
그리고 아이에 대한 깊은 존중이 담겨 있습니다.
그 이야기를 들은 순간, 가정은 안도합니다.

"아, 우리 아이의 하루를 이렇게 마음으로 지켜봐 주는 어른이 있구나."

반대로, 소통이 메마른 곳에서는
"별일 없었어요."라는 짧은 대답이 전부가 됩니다.
그 한 문장 속에서 관계는 멀어지고,
신뢰의 끈은 서서히 느슨해집니다.
결국 아이를 단단하게 키우는 힘은

형식보다 말의 온기, 사진보다 사람의 진심입니다.

이야기가 오가는 공간,

서로의 마음을 나누는 원이라면

누구라도 안심하고 아이를 맡길 수 있습니다.

카메라보다 중요한 믿음

입학 상담 자리에서 부모님들이 가장 먼저 묻는 말은 종종 같습니다.
"혹시 CCTV가 있나요?"
혹시 모를 일을 막고 싶은 마음, 그리고 아이를 지키고 싶은 불안이 담긴 질문입니다.
하지만 믿음은 장치로 생기지 않습니다.
아무리 많은 카메라가 있어도 사람의 진심과 온기를 대신할 수는 없습니다.

따라서 더 중요한 질문은 "그걸 설치했느냐"가 아니라
"어떤 마음으로 운영하고 있느냐"입니다.

"원장님, 영상은 부모에게 어떤 방식으로 공개되나요?"
이 한마디에 대한 원장의 대답이 그 기관의 철학을 보여줍니다.
"저희는 CCTV를 감시의 도구가 아니라 부모님과 대화의 다리로 사용합니다.
필요하시면 언제든 영상을 함께 보며 하루를 이야기해 드립니다."
이런 태도는 부모의 마음을 단숨에 안정시킵니다.
반대로 "규정상 어렵습니다."라는 차가운 말투 속에서는
닫힌 마음이 전해집니다.

카메라는 신뢰를 키우기도, 불신을 키우기도 합니다.
결국 중요한 것은 보여주는 기술이 아니라, 보여주려는 마음입니다.

좋은 원은 부모의 걱정을 감시로 여기지 않습니다.
"혹시 아이가 힘들어하진 않을까?" 하는 질문을
사랑과 관심의 표현으로 받아들입니다.
그리고 이렇게 말합니다.
"저라도 아이를 맡긴 부모라면 똑같이 궁금했을 거예요.
그래서 부모님이 편안히 믿고 기다리실 수 있도록
매일 아이의 하루를 충분히 전해 드립니다."
이런 설명을 들은 부모는 비로소 안심합니다.

대화는 장치보다 더 큰 힘을 가집니다.
영상 공개 절차를 투명하게 설명하고,
교사들이 그것을 감시가 아닌 소통의 기회로 인식하는 곳.
그곳이 진정한 신뢰의 공동체입니다.
감시는 두려움을 낳지만,
투명함은 안심을 키웁니다.
좋은 원은 장비에 의존하지 않습니다.
부모가 "카메라 없이도 믿을 수 있겠다."라는 확신을 느끼는 곳,
바로 그곳이 진짜 안전한 원입니다.

멈추지 않는 교사의 배움

엄마는 원장의 설명을 들으며 고개를 끄덕이다가 조심스레 묻습니다.
"요즘 아이들 발달이 정말 빠르잖아요.
그런데 선생님들도 그 속도를 따라가려면 꾸준히 배우셔야 할 것 같은데요.
혹시 이곳 선생님들은 어떤 방식으로 연수를 받으시나요?"
원장은 미소를 지으며 답합니다.
"정기적으로 외부 교육 기관에서 연수를 듣기도 하고요,
한 달에 한 번은 내부에서 '성장 세미나'를 열어요.
서로 수업 영상을 공유하면서, 아이를 대하는 태도나 언어를 함께 돌아보죠."
대화를 들으며 엄마는 한 가지를 더 묻습니다.

"그럼 선생님들이 감정적으로 지칠 때,
마음을 회복하거나 서로 응원할 수 있는 시간도 있나요?"
원장은 고개를 끄덕입니다.
"물론이죠. 한 달에 한 번은 '힐링데이'를 운영해요.
그날은 모든 수업을 조금 일찍 마치고,
함께 차를 마시며 대화하거나 명상 시간을 갖습니다.
아이를 돌보는 일은 결국 마음이 중요하잖아요."
엄마의 표정이 환해집니다.

'이곳은 사람을 돌보는 곳이구나.
이 원은 마음의 성장을 중심에 두고 있구나.'
상담실의 공기가 한결 따뜻해집니다.
그 순간, 엄마는 깨닫습니다.

좋은 원은 선생님을 가르치는 사람으로만 보지 않습니다.
그들을 함께 배우는 동반자로 존중합니다.

배우는 어른이 곁에 있을 때,
아이의 하루는 자연스레 자랍니다.
웃음이 있는 교실은 배움의 온기가 흐르고,
성장이 있는 원은 하루가 살아 있습니다.
그리고 부모가 상담실에서 느끼는 그 미묘한 감정,
'이곳에는 배움의 온기가 있다'라는 직감—
그것이 좋은 원의 첫 번째 징표입니다.

놀이가 이끄는 힘

상담이 이어집니다.

엄마는 잠시 메모를 멈추고, 이번엔 조금 진지한 표정으로 묻습니다.

"요즘은 놀이 중심 교육이 중요하다고들 하잖아요.

이곳에서는 아이들이 얼마나 자유롭게 놀 수 있나요?"

원장은 미소를 지으며 대답합니다.

"우리는 놀이를 단순한 '쉬는 시간'으로 보지 않아요.

놀이야말로 배움이 가장 자연스럽게 일어나는 순간이거든요."

말이 끝나자 엄마는 다시 묻습니다.

"놀이 시간에도 선생님이 함께 어울려 주시나요,

아니면 혼자서만 놀게 두시나요?"

"물론 함께 어울리죠."

원장은 손짓으로 교실 쪽을 가리킵니다.

"놀이 중에도 선생님은 눈높이에서 웃고

말에 귀 기울이며 함께 시간을 보냅니다.

가끔은 아이들이 만든 규칙을 그대로 따라주기도 해요.

그 과정에서 존중을 배웁니다."

엄마는 고개를 끄덕입니다.

"그럼 놀이 중에 친구끼리 다투면 어떻게 하시나요?"
"우리는 바로 개입하지 않아요.
먼저 서로의 말을 들어볼 시간을 줍니다.
필요할 땐 조용히 다가가 '마음을 말로 표현해 볼까?'라고 도와줘요."
엄마의 눈빛이 조금 부드러워집니다.
대화 속에서 '이곳은 통제보다 신뢰를 먼저 두는 곳이구나.'라는 확신이 자라납니다.

놀이 중심 교육이란 결국 목소리를 존중하는 교육입니다.
좋은 교사는 놀이를 '지도'하지 않고, '함께' 살아갑니다.
교실에서는 교사의 목소리가 작고, 웃음소리가 큽니다.
계획을 내려놓을 때, 상상력이 피어납니다.

상담이 끝나갈 무렵, 엄마는 조용히 마음속으로 정리합니다.
'이곳은 통제하지 않고 기다려 주는 곳이구나.'
'이곳은 놀이 속에서 마음을 읽어 주는 곳이구나.'
문을 나서며 느껴지는 그 여운이 바로 좋은 원의 향기입니다.
놀이 중심 교육은 결국 행복을 배우는 일입니다.
그리고 그 시작은, 지금 상담실에서 오가는
한 번의 진심 어린 대화입니다.

기질을 존중하는 태도

모든 존재는 다릅니다.
누군가는 빠르고, 또 다른 누군가는 느립니다.
어떤 이는 친구들과 활발히 어울리고,
누군가는 조용한 자리에서 혼자만의 놀이를 즐깁니다.
부모는 그 다름을 누구보다 잘 압니다.

그래서 상담 자리에서 가장 궁금한 건,
"조용하거나 낯가림이 있는 아이도 잘 챙겨주시나요?"라는 질문입니다.
이 한마디에 원의 교육 철학이 고스란히 드러납니다.
상담 중에는 이렇게 물어보세요.
"말이 느리거나 감정 표현이 서툰 경우, 어떤 방식으로 도와주시나요?"
"활발하지 않은 아이에게 교사가 먼저 다가가 주시나요?"
"성향에 따라 개별적으로 접근하시나요?"

이 질문에 원장이 자연스럽게 공감하고 구체적인 사례를 들며 대답한다면,
그곳은 아이를 '비교'가 아니라 '관찰'로 바라보는 공간일 것입니다.

**좋은 원은 기질을 고쳐야 할 결함이 아닌,
그 존재만의 언어와 리듬으로 이해합니다.**

조용한 성향은 눈빛으로 이야기를 하고,
활발한 성향은 몸짓으로 감정을 표현합니다.
교사는 그 신호를 읽고 기다려 주는 사람이어야 합니다.
부모는 상담을 마치며 이런 확신을 얻어야 합니다.
'이곳은 속도를 맞춰주는 원이구나.'
'있는 그대로 인정해 주는 공간이구나.'
기질을 존중하는 교실은 결국 사람을 존중하는 교실입니다.

다름을 품는 곳에서
아이들은 '나는 괜찮은 사람이다.'라는 마음을 배웁니다.
그 마음이 평생의 자존감이 되고,
세상을 향한 첫 발걸음이 됩니다.

속도보다 방향이 먼저다

부모가 유치원이나 어린이집을 방문하여 상담을 받을 때,
가장 신중하게 던져야 할 질문은 단 하나입니다.
"원장님, 어떤 유아가 잘 자라는 유아인가요?"
이 짧은 물음 속에는 기관의 철학과
사람을 바라보는 시선이 모두 담겨 있습니다.
만약 대답이 이렇게 돌아온다면―
"학습을 잘 따라가는 아이요."
"글씨를 빨리 배우고 발표를 잘하는 아이요."
그곳은 여전히 성과 중심의 교육관에 머물러 있을 가능성이 높습니다.
하지만 원장이 잠시 미소를 짓고 이렇게 말한다면,
"하루를 즐겁게 보내는 유아요.
친구와 다투어도 금세 화해할 수 있는 유아요."
그 한 문장 속에는 이미 사람 중심의 교육이 살아 있습니다.

상담 중에는 이렇게 물어보세요.
"이곳에서는 어떤 성장을 '잘 자라는 것'이라 생각하시나요?"
"정서적 발달을 위해 가장 중요하게 여기는 부분은 무엇인가요?"
"교사분들이 관계나 감정을 지도할 때 어떤 방식을 사용하시나요?"

"이곳에서 '행복한 하루'란 어떤 의미인가요?"

이 질문들은 단순히 운영 방식을 묻는 것이 아니라,
그 원이 '교육'을 어떤 언어로 말하는지를 확인하는 과정입니다.
상담 중 원장의 말이 너무 빠르거나,
프로그램 이름과 교재 목록이 길게 이어진다면
그곳은 사람보다 시스템을 강조하는 공간일 수 있습니다.

반대로 원장이 천천히, 따뜻한 어조로 이렇게 말한다면
"우리 원은 매일의 시간을 즐겁게 보내는 것을 목표로 합니다."
"작은 실패도 배움의 일부로 받아들입니다."
그곳은 자녀의 마음을 중심에 두는 진짜 교육의 자리입니다.
좋은 기관은 속도를 재지 않고 방향을 지켜보는 곳,
결과를 서두르지 않고 성장을 기다려 주는 곳입니다.

section ②
깊은 관계를 만드는 스토리텔링

상담실 문을 열면, 한쪽에는 가정의 대표로 온 한 사람이,
맞은편에는 원장이 마주 앉습니다.
그 사이로 짧지만 깊이 있는 대화가 흐릅니다.

처음에는 질문과 답변이 오갑니다.
하지만 진짜 상담은 어느 순간, 그 순서가 바뀝니다.
묻는 사람과 듣는 사람이 뒤바뀌는 지점
그때부터 대화는 '정보'가 아니라 '관계'가 됩니다.

말보다 표정이, 설명보다 눈빛이 더 많은 것을 전합니다.
말이 멈춘 순간에도 태도는 계속 이야기를 합니다.
그 조용한 틈에서, 유치원의 진심이 모습을 드러냅니다.
좋은 상담은 말의 양이 아니라 진심의 깊이로 결정됩니다.

따뜻한 대화는 목소리를 높이지 않습니다.
그저 한마디,
"우리 아이를 잘 부탁드립니다."
이 말이 가볍게 들리지 않고,
그 안의 마음을 함께 받아들이는 공간.
그곳이 바로 진짜 교육의 자리입니다.

이 책의 2부에서는 '무엇을 더 물어야 하는가'보다
'무엇을 느껴야 하는가'에 집중해 보려 합니다.

정답을 찾기 위한 대화가 아니라,
서로의 마음을 확인하는 시간입니다.
상담은 선택을 위한 절차가 아니라,

신뢰가 쌓여가는 과정입니다.

문이 닫히는 순간, 마음은 조용히 열립니다.
그때부터 아이의 하루는 이미 따뜻하게 마련됩니다.
그날 나눈 한 줄의 말, 스치는 눈빛, 가벼운 고개 끄덕임 하나가
아이의 내일을 품은 이야기로 이어집니다.

유치원 교육의 방향

교육에는 중심이 필요합니다.
교재나 환경보다 먼저 확인해야 할 것은
이곳이 어떤 마음으로 사람을 바라보는가입니다.
"이 원은 어떤 방식으로 운영되나요?"
이 질문 하나에 모든 대답의 본질이 담겨 있습니다.
그러나 중심은 말로 설명되지 않습니다.
상담실의 공기, 대화의 온기 속에서 자연스럽게 드러납니다.

원장이 프로그램을 자랑하기보다 이렇게 말할 수 있다면,
그곳의 중심은 이미 사람입니다.
"우리 아이들이 아침에 웃으며 들어오고,
저녁에도 웃으며 돌아가길 바랍니다."
그 한마디면 충분합니다.
또 원장이 교사를 소개할 때
"우리 선생님들은 아이들에게 참 따뜻합니다."라고 하느냐,
아니면 "열심히 지도하고 있습니다."라고 하느냐에 따라
그 원의 방향이 달라집니다.

적응을 걱정하는 부모에게

"처음엔 낯설겠지만 아이 곁에서 손을 잡아줄 거예요."라고 말하는 곳과
"처음엔 울 수도 있지만 금세 괜찮아질 거예요."라고 말하는 곳은 다릅니다.
차이는 사소하지만, 마음의 깊이는 전혀 다릅니다.
부모는 상담 자리에서 이런 순간을 유심히 살펴야 합니다.
말을 끊지 않고 눈을 지속적으로 마주치려 하는지,
성향을 묻고 "하루를 함께 상상해 보자."라고 말하는지,
그 태도 속에서 중심의 가치가 드러납니다.

중심이 사람이면 사랑이 흐르고,
중심이 시스템이면 피로가 쌓입니다.
결국 그 본질은 말이 아니라 표정으로 증명됩니다.
리더의 진심이 교사에게 전해지고,
교사의 따뜻함이 하루를 감싸며,
그 하루가 다시 부모의 마음을 안심시킵니다.
미소가 바로 중심의 증거입니다.

함께 성장하게 하는 피드백의 힘

상담실에 앉은 엄마는 마음속으로 생각합니다.
"이곳 선생님들은 서로 도와가며 일할까?"
"누군가 힘들 때 혼자 버티지 않게 도와주는 분위기일까?"
엄마가 조심스레 묻습니다.
"원장님, 선생님들끼리 수업이나 아이들 이야기를 나누는 시간이 있나요?"
원장은 미소 지으며 답합니다.
"네, 매주 한 번 '수업 공유 시간'을 가져요.
좋았던 점부터 함께 나누고, 어려운 부분은 같이 방법을 찾아보죠."

엄마는 고개를 끄덕입니다.
"그럼 정기적으로 이루어지는 거군요?"
"그렇죠. 시간을 통해 선생님들이 서로 배우고,
아이를 보는 시야도 넓어집니다."
이 대화 속에서 엄마는 느낍니다.
'이 원은 선생님들을 관리하지 않고, 함께 성장하게 돕는구나.'

엄마는 다시 묻습니다.
"혹시 선생님이 힘들어할 때는 어떻게 도와주시나요?"

원장은 부드럽게 말합니다.

"먼저 이야기를 들어줍니다.

'요즘 힘드시죠?' 하고 다가가면, 선생님도 마음을 엽니다.

그리고 짧게라도 쉬게 해주기 위해 동료가 자연스럽게 도와줘요."

그 말에 엄마는 미소 짓습니다.

말의 내용보다 중요한 건 말의 느낌입니다.

교사를 믿고, 함께 배우려는 마음이 느껴지는가?

이 미묘한 차이가 일상을 바꾸는 힘이 됩니다.

부모가 상담 자리에서 꼭 기억할 것은 하나입니다.

교사에게 사용하는 말이 곧 아이와 나누는 언어라는 것.

따뜻한 말이 흐르는 원이라면,

사랑이 하루를 넘어 마음 전체를 감싸 줄 것입니다.

갈등을 이해로 바꾸는 언어

엄마는 상담실에 앉아 원장의 설명을 듣다 조심스레 말을 꺼냅니다.
"원장님, 혹시 아이와 선생님 사이에 오해나 작은 문제가 생기면 어떻게 해결하시나요?"
좋은 원장님은 미소를 지으며 이렇게 대답합니다.
"그럴 땐 먼저 부모님의 말씀을 충분히 들어요.
그리고 교사와도 이야기를 나눈 뒤,
가능하면 세 사람이 함께 만나 대화의 시간을 가져요.
누가 잘못했는지를 따지기보다, 아이의 마음이 어디에서 힘들었는지를 함께 살피죠."

엄마는 고개를 끄덕이며 묻습니다.
"그럼 부모가 이야기하기 어려운 상황이라도 대화할 자리를 마련해 주시나요?"
"물론이죠." 원장은 단호하게 말합니다.
"그럴 때일수록 감정보다는 아이 중심으로 이야기해야 하거든요.
'누가 옳으냐'보다 '아이가 그 당시 어떤 마음이었을까'를 함께 생각해 보려고 합니다."
말 한마디에 엄마의 마음이 풀립니다.

'이 원은 갈등을 숨기지 않고, 대화로 해결하려는 곳이구나.'

반면, 어떤 원장은 이렇게 말하기도 합니다.
"그런 일은 없어요. 저희가 철저히 관리하니까 걱정하지 않으셔도 돼요."
이런 대답에는 통제의 냄새가 배어 있습니다.
겉으로는 안정돼 보이지만, 안에는 감정을 감추는 긴장이 흐르고 있습니다.

엄마는 이런 질문도 던져볼 수 있습니다.
"혹시 교사와 부모님 사이에 의견이 달랐던 적이 있었나요?
그럴 땐 어떻게 풀어나가셨나요?"
좋은 원장은 잠시 생각하다 말합니다.
"예, 그런 경우도 있죠. 하지만 함께 이야기하면 대부분 해결돼요.
서로의 마음을 듣고 나면 오해가 금세 풀리거든요."
이 문장 안에는 '함께 해결한다'는 신뢰가 담겨 있습니다.

숨기지 않고, 회피하지 않고,
문제를 관계의 언어로 푸는 곳.
이곳이 진짜 성숙한 원입니다.

상담을 마치고 나오며 엄마는 느낍니다.
"이 원은 아이의 문제를 덮지 않고, 마음으로 풀어가려 하는구나."
결국, 진심 어린 대화가

오늘 하루뿐 아니라 부모의 마음까지 따뜻하게 바꿉니다.

다투기 전, 아이의 마음을 듣다

아이들 사이에 갈등이 생길 때,
많은 부모는 이렇게 묻습니다.
"우리 아이가 예민한 편인데, 친구와 다툴 때 선생님은 어떻게 하시나요?"
이 질문 하나에 원의 교육관이 고스란히 드러납니다.
좋은 원의 원장은 이렇게 답합니다.

"우리 선생님들은 누가 잘못했는지를 먼저 묻지 않습니다.
서로가 차분히 자신의 마음을 이야기할 수 있도록 기다려 줍니다.
감정이 가라앉을 때까지 충분한 시간을 주고,
그다음에야 함께 해결 방법을 찾아갑니다."
이 말 속에는 감정을 존중하는 교육 철학이 담겨 있습니다.
무엇이 더 중요한가요?
즉시 잘잘못을 따지는 것보다,
마음을 회복하고 관계를 이어주는 태도입니다.

반대로 상담 중 이렇게 말한다면 생각해 봐야 합니다.
"다툼이 생기면 교사가 바로 개입해서 정리합니다."
이 말 속에는 효율은 있을지 몰라도,

감정을 다루는 대화의 시간이 빠져 있을 수 있습니다.

좋은 교사는

"누가 잘못했니?" 대신

"무슨 일이 있었는지 함께 이야기해 볼까?"라고 묻습니다.

단 한 문장이 마음을 닫기도, 열기도 합니다.

상담 자리에서 원장의 말투와 표정을 살펴보세요.

"아이의 입장에서 먼저 들어주고, 서로의 마음을 이해시키려 합니다."

이 한마디가 나온다면, 그곳은 감정이 존중받는 배움의 공간입니다.

작은 다툼을 억누르면 마음은 세상을 두려워하지만,

대화로 풀어 주면 세상을 사랑하게 됩니다.

사회성은 바로 그 순간,

교사가 어떻게 다가서느냐에 달려 있습니다.

특별활동보다 경험의 깊이를 중시하기

상담 자리에서 가장 자주 듣는 질문이 있습니다.
"영어 수업은 있나요?", "피아노나 미술을 배우나요?"
하지만 진짜 중요한 것은 무엇을 하느냐보다 왜 하느냐입니다.
부모가 이 질문을 던졌을 때,
원장이 어떻게 대답하느냐가 그곳의 중심 생각을 보여줍니다.

좋은 원의 원장은 이렇게 말합니다.
"저희는 특별활동을 흥미와 성향에 맞춰 진행합니다.
음악은 단순히 음을 배우는 시간이 아니라 감정을 다루는 시간이고,
미술은 결과물보다 표현의 즐거움을 느끼는 과정이에요."
이 말에는 활동을 통해 아이의 마음을 자라게 하려는 철학이 담겨 있습니다.

반면 원장이 이렇게 말한다면 조금 더 살펴볼 필요가 있습니다.

"요즘 부모님들이 영어를 중요하게 생각하셔서 주 3회 진행하고 있습니다."
"피아노, 미술, 발레, 태권도 등 종류별로 준비되어 있습니다."

겉으로는 풍성해 보이지만, 그 안에는

'유아 중심'이 아닌 '보여주기식 운영'이 숨어 있을 수도 있습니다.

좋은 특별활동은 하루에 쉼과 성숙을 동시에 주는 활동입니다.
음악을 통해 감정을 다스리고,
미술을 통해 자신을 표현하며,
필요한 순간 영어를 통해 새로운 세계에 대한 호기심을 키웁니다.

상담 중에는 이렇게 물어보세요.
"이 활동이 우리 자녀에게 어떤 의미가 있을까요?"
이 질문 하나로 그 원이 가진 생각의 깊이를 읽을 수 있습니다.

원장이 '성과'보다 '기쁨'을, '기술'보다 '성장'을 이야기한다면 믿을 만한 곳입니다.
목적이 성장이면 어린 마음은 행복해지고,
목적이 성과이면 마음은 쉽게 지칩니다.

좋은 특별활동은 결과가 아니라 내면에 남는 경험을 선물합니다.
그런 활동이 있는 기관에서는
아이는 배움을 즐기고,
부모는 안심하며 하루를 맡길 수 있습니다.

관찰에서 피어나는 교사의 성찰

입학 상담은 단순히 정보를 듣는 자리가 아니라
원장을 관찰할 수 있는 가장 좋은 시간입니다.
좋은 원을 찾고 싶다면 먼저
원장의 말과 표정, 그리고 교사에 대한 태도를 살펴보세요.

상담을 시작할 때 원장이 아이의 이름을 한 번이라도 불러 주는지,
"ㅇㅇ이는 어떤 아이인가요?" 하고 묻는지 주의 깊게 보세요.
한마디의 따뜻한 관심 속에
아이 중심의 시선이 담겨 있습니다.
좋은 원장은 책상에만 앉아 있지 않습니다.
아이들의 웃음소리와 교사의 표정을 직접 확인하러 교실을 향해 걷습니다.

원장은 행정가가 아니라, 시간을 '보고, 듣고, 느끼는 사람'입니다.
반대로 상담 내내 행정과 일정, 프로그램 설명에만 집중한다면,
원장은 아이보다 시스템을 더 중시하는 사람일 수 있습니다.

상담 중 이렇게 물어보세요.
"원장님, 하루 중 아이들과 얼마나 함께 시간을 보내시나요?"

그 대답에는 리더의 철학이 고스란히 담겨 있습니다.
"시간 날 때마다 교실을 둘러보며 아이들과 인사합니다."
"교사와 짧게라도 마음을 나누려 합니다."
이런 말이 자연스럽게 나오는 곳이라면
원장은 '운영자'가 아니라 '진짜 교육자'입니다.

또한 부모님의 이야기를 들을 때,
원장이 눈을 맞추며 고개를 끄덕이는지,
메모하며 귀 기울이는지, 이런 작은 행동에도
감사의 단서가 숨어 있습니다.

좋은 원장은 교사와 부모 사이의 든든한 다리입니다.
다리가 튼튼할수록 아이의 하루는 흔들리지 않습니다.

따뜻한 눈빛으로 교사를 이야기하고,
부모의 말을 방어가 아니라 공감으로 듣는 원장이라면,
그곳은 이미 마음이 자라는 공간입니다.

식탁에서 자라는 배움

입학 상담 자리에서 부모가 가장 자주 묻는 질문이 있습니다.
"식단은 어떤가요?", "영양사는 따로 있나요?"
하지만 진짜 중요한 질문은 따로 있습니다.
"우리 자녀가 식사할 때 곁에는 어떤 어른이 있나요?"
유아의 하루 중 가장 많은 감정이 오가는 시간은 식사 시간입니다.

배가 고파서 짜증을 내기도 하고,
반찬이 마음에 들지 않아 얼굴을 찡그리기도 하고,
친구와 다투기도 합니다.
이때 교사가 그 장면을 어떻게 바라보는지가
기관의 교육 수준을 보여줍니다.
밥 먹는 일은 단순한 생활이 아니라 인성의 첫 학교입니다.
좋은 원은 식사를 '훈육'이 아니라 '배움의 시간'으로 봅니다.
교사는 유아 옆에 앉아 함께 식사하며 말합니다.

"천천히 먹어도 괜찮아."
"한입만 먹어볼까?"
기다림 속에서 자녀는

존중받는다는 감각을 배우고,
자신의 속도로 세상을 살아가는 법을 익힙니다.

상담 자리에서 이렇게 물어보세요.
"식사 시간에 선생님들은 어떤 역할을 하시나요?"
"유아가 밥을 남기면 어떻게 지도하시나요?"
좋은 원의 원장은 이렇게 대답할 것입니다.
"저희 선생님들도 함께 식사하며 이야기를 나눕니다.
억지로 먹이기보다 '한 입만 도전해 보자!'라고 권하고,
잘 먹은 친구에게는 '잘 먹어줘서 고마워.'라고 말해줘요."
이 답변 속에는 생활이 곧 교육이라는 믿음이 담겨 있습니다.

반면 "급식은 안전하게 관리됩니다."
"영양 기준을 철저히 맞추고 있습니다."라는 말만 이어진다면,
표면적으로는 완벽해 보여도
감정과 관계에 대한 이야기가 빠져 있을 수 있습니다.

식사 시간의 분위기는
원의 하루를 비추는 정서의 거울입니다.
유아가 다 먹기도 전에 식탁을 치우거나
"빨리 먹어!"라고 재촉한다면
그 원의 하루도 늘 시간에 쫓기고 있을 가능성이 큽니다.

반대로 곁에서 조용히 기다려 주고,
서로 반찬을 나누며 "이거 맛있다!" 웃음이 번지는 곳이라면
그곳은 이미 관계 중심의 교육이 살아 있는 공간입니다.
급식은 영양의 문제가 아니라 감정의 언어입니다.

**식탁에서의 존중이 인성의 시작이 되고,
감사의 인사가 관계의 문화를 만듭니다.**

자녀가 숟가락을 들 때,
그 행동을 소중히 여기는 교사,
그런 교사를 신뢰하고 지원하는 원장이 있다면—
그곳은 이미 하루를 사랑으로 채우는 곳입니다.
식사 시간은 곧 유치원 교육의 전부입니다.

일상 속에서 이어지는 안전한 배움

입학 상담에서 부모가 가장 먼저 떠올리는 질문 중 하나는
"이 원은 아이들의 안전을 어떻게 관리하나요?"입니다.
이 물음에는 단순한 점검 이상의 의미가 담겨 있습니다.
부모가 진짜 알고 싶은 것은
"이곳이 자녀의 하루를 얼마나 세심하게 바라보고 있는가?"입니다.
좋은 원은 안전을 딱딱한 '안전교육 시간'으로 다루지 않습니다.
대신 **안전을 생활의 언어로, 습관**으로 만들어갑니다.

결국 매 순간의 태도가 곧 안전교육이 됩니다.
예를 들어,
아침에 계단을 내려갈 때 손을 잡아주는 일,
산책 중 길을 건널 때 함께 왼쪽과 오른쪽을 살피는 행동,
놀이가 끝난 뒤 의자를 조용히 밀어 넣는 습관—
이런 일상이 바로 진짜 안전교육의 얼굴입니다.

상담 자리에서 이렇게 물어보세요.
"아이들에게 안전교육을 어떻게 가르치시나요?"
"위험한 상황이 생기면 교사들은 어떻게 대처하시나요?"

좋은 원의 원장은 이렇게 대답할 것입니다.

"저희는 '안전교육 시간'보다 매일의 행동 속에서 안전을 배우게 합니다.
산책이나 운동장 활동 때마다 위험 요소를 함께 살피고,
'멈추기 – 보기 – 가기' 같은 신호를 반복적으로 익히게 하지요.
작은 부딪힘도 함께 돌아보며 왜 그런 일이 생겼는지 이야기합니다."
이 답변에는 규칙보다 태도를 중시하는 깊이가 담겨 있습니다.

반대로
"CCTV로 철저히 관리하고 있습니다. 걱정하지 마세요."
라는 말은 그럴듯하지만,
아이 스스로 배우는 '예방의 감각'이 빠져 있을 수 있습니다.
감시는 순간의 안전을 보장하지만, 습관은 평생의 안전을 만듭니다.
좋은 교사는 "조심해!"라고 외치기보다
아이의 눈높이에서 "이건 왜 위험할까?"라고 물으며
스스로 판단하고 예방하는 힘을 키워 줍니다.

그 대화 속에서 아이는
안전을 '지켜야 하는 규칙'이 아니라
'지키고 싶은 마음'으로 받아들입니다.
진짜 안전한 원은 급하게 움직이지 않습니다.
천천히, 반복하며, 기다려 줍니다.
아이 스스로 물건을 정리하고 주의를 기울이는 법을

자연스럽게 배우게 돕는 곳—
그곳이 바로 습관으로 안전을 가르치는 원입니다.

안전은 메뉴얼이 아니라 태도의 문제입니다.
식당 바닥의 작은 물기까지 닦아내고,
놀이기구를 매일 확인하며,
아이의 눈높이에서 세상을 바라보는 교사.
이 모든 순간순간이 진짜 안전교육입니다.
사고가 없는 곳이 아니라,
예방이 생활화된 곳이
진정으로 안전한 유치원입니다.

부모의 참여로 완성되는 동행

입학 상담에서 많은 부모가 궁금해하지만
막상 쉽게 묻지 못하는 주제가 있습니다.
바로 '가정의 참여', 즉 함께 걷는 방식입니다.
이때 말하는 참여란 단순히 행사를 돕는 일이 아닙니다.
그 원이 가정을 얼마나 열린 마음으로 초대하는가—
그것이 신뢰의 깊이를 보여주는 진짜 바로미터입니다.
좋은 기관은 가족을 외부 손님으로 대하지 않습니다.
아이의 하루를 함께 짓는 동반자로 생각합니다.
그래서 배제하거나 통제하지 않고,
자연스럽게 공동체 안으로 초대합니다.

상담 자리에서 이렇게 물어보세요.
"보호자가 원 생활에 함께할 기회가 있나요?"
"하루의 모습을 가까이에서 볼 수 있는 방법이 있을까요?"
좋은 원의 리더는 이렇게 답할 것입니다.
"네, 가족분들이 수업이나 행사에 참여하실 수 있습니다.
아이들이 자랑스러워하는 순간을 함께 나누는 일도 중요하니까요.
또한 부모를 위한 나눔의 시간과 배움의 자리도 자주 마련하고 있습니다."

이 말속에는 개방의 철학과 관계의 문화가 담겨 있습니다.

반대로

"보호자분들은 교실에 들어오지 않아요.

그러면 아이들이 혼란스러워해요."라는 대답이 돌아온다면,

그곳은 아직 가정을 '참여자'가 아닌 '방문자'로 인식하는 곳일 수 있습니다.

좋은 기관은 단순히 행사를 초대하는 데서 그치지 않습니다.

아이의 하루를 함께 느낄 수 있는 공동의 시간을 엽니다.

예를 들어, 한 달에 한 번 공개수업이 아닌 교감의 시간을 마련합니다.

교사와 가족이 아이의 작품을 함께 이야기하고,

그 속의 감정과 의미를 나누는 자리 말입니다.

이런 자리에서 교사는 가정의 시선을 이해하고,

가정은 교사의 노력을 느낍니다.

그 순간 두 사람은

"한 생명을 함께 바라보는 시선"을 공유하게 됩니다.

좋은 원의 교사들은 이렇게 말합니다.

"가족이 오셔서 부담돼요."가 아니라

"함께 계시면 유아들이 얼마나 기뻐하는지 몰라요."

이 한마디 속에 그 원의 분위기와 철학이 다 담겨 있습니다.

가정의 발걸음이 환영받는 공간,

교사와 보호자가 웃으며 하루를 이야기할 수 있는 곳—

그곳이야말로 가장 건강한 배움터,

그리고 자녀의 성장이 완성되는 진짜 동행의 자리입니다.

교사가 세우는 기관의 품격

리더와 구성원의 관계는 곧 '기관의 온도'입니다.
신뢰가 흐르는 곳은 따뜻하고, 불신이 스며든 곳은 아무리 시설이 좋아도 차갑게 느껴집니다.
그 공기의 결을 가장 먼저 감지하는 존재는 언제나 아이들입니다.

좋은 원의 원장은 함께 일하는 사람을 이야기할 때
늘 존중과 따뜻함의 언어를 씁니다.
"우리 선생님들은 아이들을 참 다정하게 바라봐요."
"동료들과 함께 더 나은 하루를 고민해요."
짧은 문장 하나에도 리더의 철학이 담겨 있습니다.

상담 자리에서 이렇게 물어보세요.
"회의 분위기는 어떤가요? 서로 의견을 나누는 시간이 충분한가요?"
이 질문 하나가 원의 운영 방식보다 더 깊은 문화를 드러냅니다.

좋은 리더십은 지시로 세워지지 않습니다.
함께 웃고, 함께 듣고, 서로의 수고를 인정하는 태도에서 자랍니다.
마음이 안전한 곳에서만 배움이 자랄 수 있습니다.

믿음이 있는 공간에서는 표정이 다릅니다.
리더를 신뢰하는 교사는 부모를 대할 때 미소를 잃지 않고,
그 미소는 다시 아이의 하루를 포근히 감쌉니다.

좋은 원은 실수를 탓하지 않습니다.
함께 배우고 성장하는 과정으로 받아들입니다.
리더가 귀 기울여 주면, 구성원은 마음을 열고 다시 아이를 품습니다.
이 따뜻한 순환이 바로 교육의 힘입니다.
상담 중 원장에게 교사 이야기를 꺼내 보세요.
그때 미소가 번지고, "우리 선생님들 덕분이에요."라는 말이 자연스럽게 나
온다면,
그곳은 이미 신뢰가 문화가 된 공간입니다.
서로 믿는 원은 조용하지만 단단합니다.

그 안에서 웃음이 피어나고, 하루가 평온해집니다.
결국 품격이란 눈에 보이는 시스템이 아니라,
사람을 대하는 태도와 말의 결에서 시작됩니다.
보이지 않지만, 신뢰는 표정에서 가장 선명하게 드러납니다.
리더가 사람을 믿을 때, 교육은 비로소 관계의 예술이 됩니다.

진심의 향기

상담이 끝나갈 무렵,
부모의 손에는 자료가 남지만, 마음속엔 여전히 하나의 질문이 남습니다.

"이곳은 정말 믿을 수 있는 곳일까?"
그럴 때 꼭 마지막에 이렇게 물어보세요.
"원장님, 이 원의 가장 자랑스러운 점은 무엇인가요?"
대답이 곧 원의 진심입니다.
좋은 원의 원장은 시설보다 사람을 이야기합니다.
"우리 선생님들이 아이를 진심으로 사랑해요."
"아이들이 매일 웃는 것이 우리 원의 가장 큰 자랑이에요."
이런 대답이 자연스럽게 나오는 곳이라면
이미 교육의 중심이 '사람'인 곳입니다.

반대로 "건물이 새로 지어졌어요.", "프로그램이 다양해요."라는 말이 먼저 나온다면
아직 '가치보다 기능'을 앞세우는 곳일 수 있습니다.

진짜 자부심은 보여주는 데 있지 않습니다.

그것은 사람 사이의 신뢰에서 자라납니다.
원장의 표정, 교사를 말할 때의 눈빛,
아이를 떠올릴 때의 미소
모든 순간이 원의 철학을 말해줍니다.

좋은 상담은 정보로 끝나지 않습니다.
마음이 닿는 순간, 부모는 이미
원의 방향을 느낍니다.

진짜 좋은 원은 '완벽함'을 자랑하지 않습니다.
대신 **'사람의 진심'을 자랑합니다.**
"우리 선생님들은 아이를 믿고
부모님은 우리를 믿습니다.
그래서 아이들이 행복합니다."

가이드 3

좋은 선택을 위한 스무 가지 질문

이 원을 가장 오래 다닌 아이는 몇 년째 다니고 있나요?

이 질문 하나로도 그곳의 진심을 알 수 있습니다.

오래 머무는 아이가 많다는 건,

그만큼 마음이 평안하고 하루가 행복하다는 뜻입니다.

퇴소율이 낮은 곳에는

시간이 만든 신뢰가 있습니다.

아이를 계속 보내는 이유 속엔

보이지 않는 믿음과 '관계의 온도'가 숨어 있습니다.

그 쌓인 시간이야말로 원의 진짜 품질입니다.

형제나 자매가 함께 다니는 경우가 많나요?

한 가족이 다시 선택하는 곳에는 언제나 이유가 있습니다.

부모의 재등록은 신뢰가 쌓여 만들어진 경험의 증거입니다.

비율이 높을수록 사람의 온기가 살아 있는 공간입니다.

원장님께서는 이 일을 언제부터, 왜 시작하셨나요?

경력보다 중요한 건 '시작의 마음'입니다.

교육을 직업이 아니라 사명으로 여기는가.

대답의 진심이 곧 원의 철학이 됩니다.

선생님들끼리 서로를 부를 때 어떤 호칭을 사용하시나요?
서로에게 어떤 언어를 쓰는지가 조직의 감성을 보여줍니다.
이름을 존중하는 문화에서 선생님들은 아이의 이름도 존중합니다.
따뜻한 호칭 하나에 원의 관계가 드러납니다.

아이들이 실수했을 때 어떻게 반응하시나요?
실수를 꾸짖는가, 기회로 삼는가가 교육의 품격입니다.
아이가 다시 시도할 수 있게 하는 말 한마디가 중요합니다.
"괜찮아, 다음엔 더 잘할 수 있어."
이 말이 들린다면 안심해도 됩니다.

아이가 아플 때나 다쳤을 때 구체적으로 어떤 절차로 대응하시나요?
돌발 상황에서의 '첫 행동'이 믿음의 기준이 됩니다.
즉시 연락하는가, 함께 기록하고 설명하는가를 살펴보세요.
응급 대응의 메뉴얼보다 따뜻한 태도가 더 중요합니다.

교사와 부모가 불편했던 적이 있다면 어떻게 해결하셨나요?
갈등을 숨기지 않고 대화로 푸는 곳이 진짜 좋은 원입니다.
"그럴 때는 함께 이야기했어요."라는 대답이면 괜찮습니다.
문제보다 관계를 먼저 보는 곳, 그곳에서 신뢰가 자랍니다.

아이 이름을 외우는 데 얼마나 걸리시나요?

새 학기가 시작되면,

아이의 이름을 외우는 속도보다 이름을 부르는 마음이 더 중요합니다.

이름을 기억하는 것은 사랑의 첫걸음,

이름을 불러 준다는 것은 마음이 이미 닿았다는 뜻입니다.

아이의 생일은 어떻게 축하해 주시나요?

생일은 한 아이를 존중하는 가장 아름다운 행사입니다.

단체보다 개인의 기쁨을 기억하는가를 살펴보세요.

축하의 방식에서 공동체의 품격이 드러납니다.

비 오는 날, 아이들은 어떤 활동을 하나요?

날씨가 변해도 마음이 흔들리지 않는 원이 진짜입니다.

비 오는 날에도 웃는 아이들이 있는지 상상해 보세요.

즉흥과 여유는 교육의 감각을 보여줍니다.

선생님이 갑자기 결근하시면 대체 교사는 어떻게 배정되나요?

예기치 않은 상황이야말로 조직의 힘이 드러나는 순간입니다.

교사 한 명의 공백을 어떻게 메우는지가 아이의 하루를 결정합니다.

준비된 시스템은 아이에게 불안을 주지 않습니다.

아이들이 실수하거나 음식을 엎질렀을 때 선생님이 직접 치우시나요,
아이와 함께 하나요?

아이에게 책임을 가르치는 일은 꾸중이 아니라 '함께 해보는 경험'에서 시작됩니다.

교사가 아이와 함께 치우고 정리하는 모습 자체가 가장 좋은 배움이 됩니다.

일상의 태도는 그 자체로 인성을 가르치는 교과서가 됩니다.

아이들이 울 때, 바로 달래 주시나요, 아니면 기다려 주시나요?

기다림은 사랑의 또 다른 표현입니다.

눈물을 멈추게 하기보다 마음을 읽어 주는가가 중요합니다.

교사의 숨 고르기 속에 아이의 자존감이 자랍니다.

원장님은 하루 중 몇 번 정도 교실을 직접 둘러보시나요?

사무실보다 교실에 머무는 시간이 긴 원장은 교육자입니다.

현장의 상황을 아는 리더가 있을 때 원은 살아 움직입니다.

아이의 웃음소리를 가까이 두는 리더십이 진짜입니다.

아이들이 친구에게 상처 주는 말을 했을 때 어떤 언어로 지도하시나요?

"미안해."보다 "다시 이야기해 볼까?"가 더 깊은 교육입니다.

말이 교사의 품격을 보여줍니다.

언어로 싸우는 세상에서 언어로 화해를 배우게 하는 곳이 좋습니다.

퇴원하거나 전학하는 아이는 어떻게 마무리해 주시나요?

마지막 인사를 어떻게 하는지가 원의 품격입니다.
이별을 소중히 여기는 곳은 관계를 진심으로 대합니다.
아이의 마지막 날이 따뜻했다면, 그곳은 진짜 교육의 공간입니다.

원장님이 생각하시는 '좋은 부모'는 어떤 분인가요?

이 질문은 원의 부모관을 보여줍니다.
함께 성장하는 동반자로 보는가, 평가의 대상으로 보는가.
대답 속 어조에서 '관계의 거리'를 느낄 수 있습니다.

아이들이 "싫어요."라고 말할 때, 선생님은 어떻게 반응하시나요?

거부를 존중하는 곳에서 아이의 자존감이 자랍니다.
감정 표현을 억누르지 않는 환경이 아이의 마음을 단단히 합니다.
"그렇구나, 싫을 수도 있지." 이 말이 있다면 좋은 원입니다.

교실에서 아이의 작품은 어떤 방식으로 전시하시나요?

완성도보다 과정이 존중받는 전시인가를 보세요.
모든 아이의 이름이 빠짐없이 걸려 있는가가 중요합니다.
작품은 평가가 아니라 '존중의 기록'이어야 합니다.

아이들이 하루를 마치고 집으로 돌아갈 때 어떤 인사를 하나요?

마지막 인사는 원의 하루를 닫는 문장입니다.

"오늘 즐거웠어요."

이 말이 자연스럽게 흘러나오는 곳이라면,

그곳은 이미 좋은 원입니다.

작별의 인사 속에 감사와 사랑이 함께 흐르는 곳.

바로 진짜 배움터입니다.

PART 4

예고는
아이에게 안정감을
선물한다

첫 유치원 선택은 단순한 등록 절차가 아닙니다.
가정과 자녀가 손을 맞잡고 세상을 배우기 시작하는 첫 번째 공동 여정입니다.

교실 문 앞에 선 작은 눈동자에는
낯선 공간을 향한 호기심과 두려움이 함께 머뭅니다.
'무엇이 기다리고 있을까?' 하는 설렘과
'엄마는 언제 데리러 오실까?' 하는 걱정이 나란히 자리합니다.

이때 가장 필요한 것은 서류나 준비물이 아니라,
마음을 읽는 한마디의 말입니다.
짧은 예고가 아이 마음속에
세상을 향한 첫 울타리를 세워 줍니다.
'예고'란 단순한 일정 안내가 아닙니다.
어린 존재가 낯선 세상을 마음속에서 미리 걸어보는 상상의 리허설입니다.

준비되지 않은 마음으로 갑자기 새로운 공간에 들어서면
낯섦은 곧 불안이 됩니다.
하지만 다정한 목소리로 세상을 먼저 들려줄 때,
그 낯섦은 두려움이 아닌 기대의 풍경으로 바뀝니다.
"내일은 새로운 유치원에 가볼 거야."
이 짧은 한마디 속에는 배려와 사랑,
그리고 세상에 대한 신뢰가 담겨 있습니다.
말은 마음의 등불처럼 아이의 내면을 비춥니다.
그 말을 들으며 자녀는 머릿속에 작은 그림을 그립니다.
'선생님이 나를 반겨주실까?'
'친구들이 웃고 있을까?'
그 상상 속에서 이미 여러 번 문을 열고 들어갑니다.

이런 사전의 대화는
두려움을 설렘으로 바꾸는 가장 따뜻한 준비입니다.
부드러운 표정과 안정된 목소리로 세상을 예고해 줄 때,
아이는 자신이 환영받는 존재임을 느낍니다.
가정의 얼굴은 세상의 얼굴이 되고,
부모의 말투는 세상을 향한 첫 신호가 됩니다.

그 온기를 통해 어린 존재는 배웁니다.
세상은 무섭고 낯선 곳이 아니라,
따뜻하고 자신을 기다려 주는 공간이라는 것을요.
그렇게 자녀는 한 걸음 더 용감해지고,
가정은 그 한 걸음을 바라보며
마음속으로 또 한 번 성장합니다.
결국 첫 유치원 선택은
아이에게 세상을 예고해 주는 사랑의 첫 수업입니다.
예고가 진심일 때,
그 마음은 두려움을 딛고 설렘 속으로 나아갑니다.

마음의 안전망을 세우는 하루

아이들은 낯선 공간 앞에서 본능적으로 불안을 느낍니다.
아직 세상을 많이 경험하지 못한 아이에게
처음 맞이하는 교실의 문은 커다란 세상처럼 느껴집니다.
문 앞에 서면 가슴이 두근거리고 손끝이 차가워집니다.
겉으로는 용감해 보여도, 마음속에는
'이곳은 어떤 곳일까?', '엄마는 나를 두고 가실까?'
하는 작은 두려움이 숨어 있습니다.

**아이에게 필요한 것은 밀어 넣는 용기가 아니라
준비된 낯섦입니다.**

낯설지만, 마음속에서 미리 익혀 둔 낯섦이지요.
갑작스러운 첫날보다 며칠 전부터 다정한 예고가 이어질 때,
아이는 조금씩 새로운 세상을 받아들일 힘을 얻게 됩니다.

다섯 살 윤서의 엄마는 입학 며칠 전부터
잠자리에서 부드러운 목소리로 이렇게 말했습니다.
"윤서야, 내일모레 엄마랑 새로운 유치원에 가볼 거야.

거기엔 네가 좋아하는 미끄럼틀도 있고, 블록도 많대.
선생님이 네 이름을 부르며 기다리고 계신단다."
처음엔 "안 갈래요. 무서울 것 같아요."라고 하던 윤서였지만,
그 말이 며칠 동안 짧고 따뜻하게 반복되자
마음속에 새로운 유치원의 그림이 자리 잡았습니다.
첫날 아침, 현관 앞에서 눈물이 맺히던 순간
윤서는 스스로 속삭였습니다.
"거긴 미끄럼틀이 있는 곳이지.
선생님이 내 이름을 부르며 기다리신대."
그 끄덕임은 용기가 아니라,
며칠 동안 다져온 예고의 힘이었습니다.

이런 예고는 단순한 일정 안내가 아닙니다.
보이지 않는 심리적 손잡기,
두려움을 설렘으로 바꾸는 다정한 다리입니다.
아이는 그 다리를 건너며
머릿속으로 낯선 세상을 미리 걸어봅니다.
반대로 아무런 예고 없이 맞이한 첫날은
'준비되지 않은 낯섦'이 되어
교실의 그림자와 친구들의 시선,
바쁜 선생님의 모습까지 불안으로 바뀝니다.
"괜히 데리고 왔나 봐."

그 후회가 남지 않으려면

다정한 예고가 필요합니다.

"내일은 새로운 곳에 가볼 거야."

이 짧은 말은 단순한 안내가 아니라 사랑의 약속입니다.

그 말 속에서 아이는 그림을 그립니다.

"이곳은 나를 기다려 주는 곳이야."

예고는 불안을 줄이고,

세상을 향한 마음의 문을 열게 하는 따뜻한 손길입니다.

그 말 한 줄이 아이의 하루를 감싸는 마음의 안전망이 됩니다.

용기는 하루아침에 생기지 않습니다.

며칠 동안 이어진 다정한 시선과 말속에서 천천히 자랍니다.

그렇게 아이는 세상이라는 커다란 문 앞에서,

비로소 자신만의 첫걸음을 내딛습니다.

산책처럼 시작하는 등원

등록을 앞두고 자녀와 유치원 앞길을
산책하듯 걸어보는 것만으로도 마음이 달라집니다.
입학을 확정하려는 딱딱한 방문이 아니라,
햇살 좋은 오후에 "한번 구경 가보자."라는
가벼운 걸음으로 시작해 보시기 바랍니다.
"민준아, 저기 보이는 곳이 우리가 구경하러 갈 유치원이야."
"저기 안에는 뭐가 있어요?"
"미끄럼틀도 있고, 그네도 있을 거야. 그리고 곧 만나게 될 선생님도 계시지."
그때 부모는 일부러 걸음을 늦춥니다.
아이의 눈이 천천히 공간을 받아들일 수 있도록 돕기 위해서입니다.

문 안으로 들어가지 않아도 괜찮습니다.
울타리 너머로 들려오는 웃음소리,
바람에 흔들리는 나무 그림자만으로도 긴장은 한결 풀립니다.
"이 길을 걸을 때마다 햇살도, 나무도, 다 너를 반가워할 거야."
그 한마디가 아이의 마음을 포근하게 감싸 줍니다.
그날의 짧은 산책은 단순한 발걸음이 아닙니다.
'안심'이라는 씨앗을 심는 시간입니다.

집에서부터 유치원까지의 길이 두려움의 길이 아니라,
가족과 함께 걷는 따뜻한 길로 기억되기 때문입니다.
아이는 걸으며 주변을 관찰하고, 꽃을 보고,
바람의 냄새를 맡으며 새로운 공간에 대한 기대를 키워갑니다.

"저 안에 친구들도 있어요?"라고 묻는다면,
"응, 지금은 친구들이 놀고 있을 거야. 네가 오면 더 신날 거야."
이런 대화는 아이의 상상력을 자극하고,
불안을 설렘으로 바꾸어 줍니다.
멀리서 바라보는 것만으로도 충분합니다.
어린 마음은 울타리 밖에서
'곧 저 안에서 웃고 있겠구나.' 하는 그림을 그립니다.
산책은 세상이 낯선 곳이 아니라
천천히 다가갈 수 있는 공간임을 알려주는 작은 연습입니다.

짧은 산책이 끝나면,
아이의 마음속에는 이미 봄처럼 따뜻한 예감이 싹틉니다.
유치원은 두려운 곳이 아니라 기다려지는 곳이 됩니다.
다음번에는 한결 밝은 표정으로
그 길을 다시 걸어갈 것입니다.
천천히 내딛는 걸음 하나하나가 마음을 단단히 지탱해 줄 때,
그 길은 단순한 등원이 아니라,

사랑으로 이어진 예고의 길이 됩니다.

즐거운 첫인상이 주는 힘

입학 등록하러 가는 길,

작은 눈에는 처음 보는 건물과 낯선 어른들이 가득합니다.

손을 꼭 잡은 손끝에는 긴장과 호기심이 동시에 묻어납니다.

그때 가장 따뜻한 준비는 '예고'입니다.

"은서야, 오늘은 우리가 새로운 곳을 구경하러 가는 날이야.

거기엔 선생님이 계시고, 친구들도 있어. 미끄럼틀도 엄청 크대."

"거기서 나도 놀 수 있어요?"

"그럼, 선생님이 은서를 기다리고 계실 거야.

네가 좋아하는 그림책도 있단다."

처음엔 낯선 길을 보며 입술을 꾹 다물던 아이가,

이내 눈을 반짝이며 묻습니다.

"그림책이 많아요?", "친구들도 노래 부르는 것을 좋아할까요?"

두려움이 녹고, 설렘이 그 자리를 채워갑니다.

가족의 다정한 목소리는 마음의 긴장을 풀어 주는 작은 음악처럼 울려 퍼집니다.

문 가까이 다가갈수록 들려오는 노랫소리와 웃음소리는

세상이 생각보다 따뜻하다는 신호가 됩니다.
"들리니? 친구들이 노래하고 있네.
은서도 곧 저기서 노래 부를 거야."
이 한마디는 낯선 공간을 두려움의 장소가 아닌
기다림의 무대로 바꾸어 줍니다.
그 순간, 유치원은 더 이상 '처음 가는 곳'이 아닙니다.
머릿속에는 이미 웃음소리와 색깔이 섞인 장면이 그려집니다.
교실 창가의 화분, 놀이터의 미끄럼틀, 교실을 밝히는 햇살,
모두가 하나의 따뜻한 풍경으로 자리 잡습니다.
유치원 · 어린이집 등록은 단순한 행정 절차가 아닙니다.

그것은 세상과의 첫 만남입니다.
다정한 말 한마디가 세상에 대한 인식을 바꿉니다.
"세상은 낯설지만, 나를 기다려 주는 곳이야."
이 믿음이 아이 마음의 첫인상이 됩니다.

좋은 준비는 마음에 안전한 그림을 그리는 붓질입니다.
그 그림 위에는 미소 짓는 선생님, 반가운 친구, 웃으며 뛰노는 모습이 함께 있습니다.
가정의 따뜻한 예고 한마디가 속삭입니다.
"세상은 재미있는 곳이야."
그리고 그 믿음은 오래갑니다.

낯선 공간을 마주할 때마다 그날의 미소가 마음속에서 되살아납니다.

첫인상은 사라지지 않습니다.
그것은 평생을 지탱해 주는,
세상에 대한 첫 기억으로 남습니다.

두 번째 엄마가 되어주는 교사

유치원에 가기 전,
아이는 세상에서 처음으로 낯선 어른을 만납니다.
그 어른이 바로 교사입니다.
아직 얼굴도 보지 못했지만,
가정에서 건네는 한마디가 자녀 마음속에
그 사람의 모습을 그려 줍니다.
"그분은 엄마처럼 너를 사랑해 주실 거야."
이 한 문장이 불안 대신 신뢰를 심어줍니다.
가정의 믿음은 곧 첫인상이 되고,
그 믿음의 톤이 하루를 결정합니다.

다섯 살 지호는 유치원을 처음 방문하기 전날 밤,
걱정스러운 얼굴로 물었습니다.
"엄마, 선생님이 무서우면 어떡해요?"
엄마는 미소 지으며 답했습니다.
"지호야, 선생님은 엄마처럼 너를 사랑해 주시는 분이야.
너의 이름을 부르며 기다리고 계실 거야."
그 말을 들은 지호는 고개를 끄덕이며 속삭였습니다.

"그럼, 나 내일 인사 잘할래."
그날 밤, 지호의 마음속에는
'나를 기다려 주는 따뜻한 어른'의 그림이 그려졌습니다.
엄마의 한마디가 낯선 세상을
'기다려지는 곳'으로 바꾸어 놓은 것입니다.

가정의 믿음은 아이의 마음을 준비시키는 사랑의 예고입니다.
"그곳에는 좋은 선생님이 계셔.
네가 웃으면 같이 웃어 주시고,
네가 울면 다정히 안아 주실 거야."
이런 말들은 아이 마음속에
'안전한 어른'의 이미지를 만들어 줍니다.

자녀는 가정이 세상을 믿는 만큼 세상을 믿습니다.
부드러운 표정과 다정한 목소리로
"좋은 선생님이 너를 기다리고 계셔."라고 말해 줄 때,
그 확신은 안심의 씨앗으로 심어집니다.
그 씨앗은 다음 날 문 앞에서 용기로 피어납니다.
가끔 어른들은 불안을 덜어주기 위해
"엄마가 금방 데리러 올게.", "조금만 있다가 올게."
이렇게 말하곤 합니다.
하지만 아이에게 더 필요한 말은

'빨리 돌아온다.'라는 약속이 아니라,
'그곳에서도 너는 사랑받는다.'라는 확신입니다.
"그 선생님은 엄마처럼 너를 따뜻하게 안아 주실 거야."
"엄마가 없을 때는 선생님이 네 곁에 계실 거야."
이 말들이 아이에게는 세상을 건너는 다리가 됩니다.

그 다리를 건너는 순간,
아이는 부모의 품을 떠나서도
세상에서 사랑받을 수 있다는 자신감을 얻게 됩니다.
가정의 믿음은 '교사'라는 존재를 통해
세상과 연결되는 첫 다리가 됩니다.
믿음이 흔들리지 않을 때,
아이의 마음에는 두려움 대신 기대가 자랍니다.

"선생님이 내 이름을 불러 주실 거야."
"내 이야기를 들어주실 거야."
이 믿음이 바로 아이의 첫 자신감입니다.
따뜻한 신뢰의 말 한마디가 있을 때,
그 존재는 '모르는 곳으로 가는 아이'가 아니라
'기다림 속으로 가는 아이'가 됩니다.

가정의 믿음은 아이의 마음을 단단히 세우고,

유치원이라는 새로운 세상을 향한 첫걸음을 돕습니다.
"선생님은 엄마처럼 너를 사랑해 주실 거야."
이 한 문장이 아이 마음속에
'세상은 안전하다'라는 신념을 심습니다.
그 믿음이야말로,
낯선 세상을 향해 미소 지을 수 있게 하는
가장 따뜻한 사랑의 다리입니다.

믿음으로 자라는 자신감

유치원 방문을 앞둔 전날 밤,
아이의 마음에는 설렘과 두려움이 동시에 자리합니다.
"선생님은 어떤 분일까?"
"친구들이 나랑 놀아줄까?"
이 작은 질문들이 가슴을 두근거리게 합니다.
이때 부모의 믿음 어린 한마디는
어떤 설명보다 큰 안심이 됩니다.
"괜찮아, 너는 잘할 수 있어."
이 말은 단순한 위로가 아니라,
아이 마음속에 '나는 할 수 있다'라는 신호를 켜주는 예고의 말입니다.

다섯 살 하윤이는 낯선 공간을 두려워했습니다.
엄마와 함께 유치원을 둘러보기로 한 전날 밤,
하윤이는 말했습니다.
"엄마, 나 거기 가기 싫어. 무서울 것 같아."
엄마는 잠시 손을 잡고 대답했습니다.
"엄마도 처음엔 낯선 곳이 무서웠단다.
하지만 엄마는 하윤이가 인사도 잘하고, 선생님 말씀도 잘 들을 수 있을 거라고 믿어."

그 말 한마디가 하윤이의 마음을 조금 누그러뜨렸습니다.

엄마의 믿음이 하윤이의 마음속에서 '작은 용기'로 바뀐 순간이었습니다.

다음 날 유치원 문 앞에 섰을 때,

하윤이는 잠시 엄마의 손을 꼭 잡았습니다.

그리고 속삭였습니다.

"엄마가 믿는다고 했으니까, 나도 해볼게."

그날 엄마의 믿음은 하윤이가 내딛는 첫걸음이 되어주었습니다.

예측 가능한 하루의 안정

아이는 '모르는 하루'를 가장 두려워합니다.
무엇이 기다리고 있을지 모를 때,
작은 일 하나에도 마음은 크게 흔들립니다.
그래서 **가정에서 하루의 흐름을 미리 알려주는 일은
어린 존재에게 가장 따뜻한 평안의 선물이 됩니다.**

"오늘은 선생님이 문 앞에서 인사해 주실 거야.
친구들과 색칠 놀이도 하고,
점심 먹고 낮잠 자면 엄마가 데리러 오실 거야."
이 짧은 말들이 아이의 마음속에
하루의 지도를 그려 줍니다.
눈에 보이지 않는 하루가 머릿속에 그려지면,
그 마음은 준비된 자세로 시간을 맞이하게 됩니다.

예측 가능한 하루는 마음의 질서를 세워 주고,
그 질서가 바로 안정감을 만듭니다.
무엇을 먼저 하고, 그다음에 무엇을 하는지를 알면
세상이 통제 가능한 공간으로 느껴집니다.

이 작은 예고는 두려움을 기대감으로 바꾸어 주는
심리적 약속이 됩니다.

따뜻한 예고는 단순한 일정 안내가 아닙니다.
그것은 아이에게 전하는 사랑의 언어입니다.
"세상은 예측할 수 있고,
엄마 아빠는 언제나 네 편이야."
이 말 속에는 자녀가 세상을 신뢰하도록 돕는
메시지가 담겨 있습니다.
가정의 목소리는 어둠 속 등불처럼 마음을 밝혀 줍니다.

등불 하나로 아이는
세상을 조금 덜 두려워하고, 조금 더 기대하게 됩니다.
"오늘은 어떤 놀이를 할까?"
"선생님이 뭐라고 하실까?"
이런 상상들이 마음속에 작은 용기를 키웁니다.

상상이 쌓일수록 세상은
'믿을 만한 곳'으로 다가옵니다.
가정의 다정한 예고는
아이에게 마음의 안전지대를 만들어 줍니다.
한마디의 말은 단순한 설명이 아니라,

하루 전체를 지탱하는 약속이 됩니다.

그 약속이 반복될수록

아이의 마음에는 세상을 향한 믿음의 뿌리가 자랍니다.

첫인사로 시작되는 관계의 시작

새로운 교실, 처음 만나는 어른.
단 몇 초의 인사와 눈맞춤이,
아이의 하루, 그리고 유치원 생활을 결정합니다.
문을 열고 들어가는 찰나의 순간,
어린 존재는 낯선 세상 앞에서
스스로의 용기를 시험해 봅니다.
하지만 대부분의 아이는 그 문턱에서 잠시 머뭇거립니다.

"처음 보는 어른에게 뭐라고 해야 하지?"
"선생님이 나를 좋아해 주실까?"
이런 생각들이 동시에 마음속을 스칩니다.
그래서 거울 앞 인사 연습은 단순한 말 연습이 아니라,
자신을 믿고 새로운 관계를 준비하는 마음의 리허설이 됩니다.
거울 앞에 선 자녀에게 다정히 말해주세요.
"거울 속 그 모습이 바로 새로운 선생님께 인사하는 너야."
"그렇게 환하게 웃으니, 분명 마음이 따뜻해지실 거야."
이런 구체적인 격려는 표정과 말투를 자연스럽게 만들어 줍니다.

처음엔 쑥스러워하던 아이도
가족의 미소를 보며 조금씩 자신감을 되찾습니다.
"안녕하세요, 저는 ○○이에요."
"오늘은 새로운 친구들을 만나서 기뻐요."
이 짧고 밝은 인사를 연습하다 보면
낯선 어른에게도 미소로 다가갈 수 있습니다.
"네가 먼저 인사하면 상대방 마음도 환해질 거야."
이 한마디가 관계의 용기를 선물합니다.
인사를 통해 아이는 세상과 연결되는 법을 배우고,
그 안에서 자신이 존중받는 존재임을 느낍니다.

**거울 앞 인사 연습은 어른과 아이가 함께 만드는
작은 마음의 예술입니다.**
서로의 눈을 마주 보고 웃는 그 순간,
그 마음에는 세상을 향한 신뢰가 피어납니다.
그리고 그 미소 하나가
세상을 향해 나아가는 첫걸음이 됩니다.

가정과 기관을 잇는 따뜻한 다리

집은 아이에게 세상에서 가장 익숙하고 가장 따뜻한 공간입니다.
문을 열면 언제나 엄마의 목소리가 있고, 아빠의 손길이 있으며,
자신을 있는 그대로 사랑해 주는 눈빛이 있습니다.
사랑이 먼저 흐르고, 모든 것이 자녀 중심으로 돌아가는 곳—
그것이 바로 집입니다.

하지만 유치원과 어린이집은 다릅니다.
그곳은 아이가 처음으로 울타리 밖으로 나가 만나는
세상의 첫 장(場)입니다.
이곳에서 아이는 친구와 함께 놀고, 기다리기도 하고,
양보하기도 하며, 받은 사랑을 나누는 법을 배웁니다.

처음엔 낯설고 떨리지만,
그 낯섦 속에서 어린 마음은 조금씩 자랍니다.
이때 어른의 한마디 말이
세상을 받아들이는 심리적 다리가 됩니다.
"처음엔 떨릴 수도 있어.
괜찮아, 그럴 수도 있지.

선생님이 네 옆에 계실 거야."
이 짧은 문장 안에는 수많은 위로가 담겨 있습니다.
'울면 안 돼.'라는 말보다
'울어도 괜찮아.'라는 말이 훨씬 큰 힘을 줍니다.
울어도 괜찮다는 허락은
아이에게 마음껏 느낄 수 있는 자유를 주고,
그 자유가 곧 신뢰로 이어집니다.

그 마음속에 '그래, 나는 괜찮구나.'라는 확신이 생길 때,
아이는 조금씩 세상을 향한 발걸음을 내딛습니다.
가정의 따뜻한 시선이 속삭입니다.
"집은 엄마 아빠의 품이고,
유치원은 친구와 선생님이 있는 또 다른 따뜻한 품이야."
그 순간, 자녀는 다름을 두려움이 아닌
새로운 시작으로 받아들입니다.
그 한마디가 낯선 세상에 대한 경계심을 풀어 주고,
마음속에 새로운 풍경을 그리게 합니다.
"거기에도 나를 반가워하는 사람이 있구나."
이 마음이 자리 잡을 때,
아이는 세상으로 한 걸음 더 나아갑니다.
세상으로의 예고는 불안을 없애는 마술이 아닙니다.
그것은 사랑이 세상으로 건너가는 다리이며,

가정의 믿음이 세상과 이어지는 첫 시작입니다.

가이드 4

첫 등원, 아이의 눈으로 본 세상

아이들이 들려주는 낯선 세상의 고백

"엄마, 문 앞에 섰는데 갑자기 다리가 안 움직였어."
"문이 너무 커서 내가 작아진 것 같았어."
"안에 친구들이 웃고 있었는데, 소리가 너무 커서 겁이 났어."
"선생님이 내 이름을 부르셨는데, 목소리가 낯설어서 가만히 있었어."
"교실에 들어가니까 의자랑 책상이 많아서 어디에 앉아야 할지 몰랐어."
"엄마 손이 내 손을 놓는 순간, 세상이 조용해진 것 같았어."
"장난감이 많았는데 누가 쓰는 건지 몰라서 그냥 쳐다봤어."
"다른 친구들은 금방 친구가 됐는데, 나는 말이 안 나왔어."
"엄마가 '곧 올게.'라고 했는데, '곧'이 얼마나 긴 건지 모르겠어."
"친구가 나한테 웃었는데, 그게 나를 좋아해서인지 모르겠어."
"선생님이 내 머리를 쓰다듬어 주셨을 때, 그제야 눈물이 멈췄어."
"그래도 엄마 생각이 계속 나서, 엄마 냄새가 나는 가방을 꼭 안았어."
"집에 와서 엄마 얼굴 보니까 마음이 녹는 것 같았어."
"그날 밤 꿈속에서도 유치원 문 앞에 서 있었어."
"근데 이번엔 엄마랑 같이 들어갔어."

이 짧은 고백들 속에는 마음이 있습니다.

아이들은 처음 유치원 문을 열었을 때 '배움의 공간'보다 '낯선 세상'을 먼저 만납니다.

손을 잡고 있던 엄마가 문밖으로 나가면,

그제야 어린 존재는 세상이 얼마나 넓고, 자신이 얼마나 작은지를 느낍니다.

이것은 단순한 '적응의 과정'이 아니라 삶의 첫 사회적 경험입니다.

낯선 세상에 들어선 마음, 새로운 환경이 남기는 작은 흔들림.

아이들은 새로운 공간에 들어설 때마다 마음속 깊은 곳에서 작은 파문을 느낍니다.

낯선 교실, 처음 보는 친구, 처음 듣는 목소리.

이 모든 것은 세상에서 한 번도 경험하지 못한 자극입니다.

그래서 어린 마음은 본능적으로 '이곳이 안전한지 아닌지'를 먼저 살핍니다.

왜 불안을 느낄까?

아동 심리학자들은 이런 불안을 자연스러운 생존 반응으로 설명합니다.

뇌 속 편도체(amygdala)는 낯선 공간이나 사람을 '위험'으로 감지합니다.

이때 심장은 빨라지고, 손에 땀이 차고, 얼굴 표정이 굳습니다.

이건 잘못된 반응이 아니라, 새로운 세상 앞에서 자신을 지키는 본능입니다.

영국의 아동 심리학자 **존 볼비**(John Bowlby)는

'애착 이론(Attachment Theory)'에서 "아이는 자신이 돌아갈 수 있는 안정

의 기지를 필요로 한다."라고 말했습니다.
즉, 엄마나 아빠 같은 '안전 기지(secure base)'가 곁에 있어야 아이는 새로운 공간을 탐색할 수 있는 용기를 얻습니다.
기지가 사라지는 순간, 아이는 세상을 낯설고 두려운 곳으로 느끼게 됩니다.

메리 에인스워스(Mary Ainsworth)의
'낯선 상황 실험(Strange Situation Test)'도 이를 보여줍니다.
엄마가 교실을 잠시 떠나자 아이는 울고, 낯설어하지만 엄마가 돌아오면 다시 안정을 찾습니다.
이 실험은 불안이 결함이 아니라, 정상적이고 건강한 반응임을 알려줍니다.

발달심리학자 **에릭 에릭슨**(Erik Erikson)은
유아기의 핵심 발달 과업을 '신뢰 대 불신(Trust vs. Mistrust)'이라고 설명했습니다.
즉, 아이는 세상이 자신을 받아주는 곳인지, 밀어내는 곳인지를
유치원 첫 방문에서 배우게 됩니다.
따뜻한 목소리, 다정한 시선, 부드러운 손길이
마음에 "세상은 괜찮은 곳이야."라는 신호를 심습니다.

러시아 교육심리학자 **비고츠기**(Lev Vygotsky)는
"모든 학습은 관계 안에서 일어난다."라고 했습니다.
불안을 없애주는 힘도 관계에서 나옵니다.

아이가 낯선 환경 속에서도 안정감을 찾는 이유는
누군가 곁에서 "괜찮아, 함께 하자."라고 말해주기 때문입니다.
한마디가 불안을 '탐색의 용기'로 바꾸어 줍니다.

부모가 기억해야 할 첫날의 언어.
부모는 종종 "울다가 말겠지."라고 생각합니다.
하지만 아이에게는 세상이 바뀐 날입니다.
집의 냄새, 시간의 흐름, 목소리까지 달라졌습니다.
울음은 약함이 아니라 자기 보호의 신호입니다.
울음을 멈추게 하려 하지 말고, 울음 옆에 있어 주는 것이 필요합니다.
"괜찮아, 엄마는 여기 있을게."
"선생님이 네 옆에 계셔."
이 짧은 문장들이 세상의 첫 이미지를 심는 말입니다.

교육철학자 **장 자크 루소**(Rousseau)는
"아이를 기른다는 건 기다림을 배우는 일이다."라고 말했습니다.
아이가 불안을 느끼는 건 당연합니다.
불안을 없애주는 게 아니라, 함께 견디는 것이 부모의 역할입니다.
아이는 과정을 통해 세상을 배웁니다.

불안은 상처가 아니라 성장의 그림자라고
심리학자 **카렌 호르나이**(Karen Horney)는 말했습니다.

"불안은 인간이 성장하기 위해 반드시 지나야 하는 정서적 문턱이다."
즉, 불안은 아이를 멈추게 하는 게 아니라, 세상으로 나아가기 위한 준비 신호입니다.
다만, 그 순간 아이 곁에 따뜻한 어른 한 사람이 있느냐가 중요합니다.
존재가 있으면 불안은 곧 회복력으로 바뀝니다.

엄마가 미소로 말해주는 한마디.
"엄마도 처음엔 무서웠단다. 그런데 조금 지나면 괜찮아져."
이 문장은 아이에게 세상과 화해하게 만드는 첫 언어가 됩니다.
그날 밤, 아이는 잠들기 전에 속삭입니다.
"나는 괜찮아. 왜냐하면 나를 믿어 주는 사람이 있으니까."

PART 5

선택
그리고 행복을
찾아가는 시간

유치원과 어린이집을 선택한다는 것은
단순히 기관을 고르는 일이 아니라
가족의 리듬을 정하는 일입니다.
그 리듬의 출발점은 언제나 부모의 마음입니다.

불안한 마음으로 내린 결정은
언제나 불안한 결과를 낳습니다.
조급함은 눈을 흐리게 하고,
비교는 사랑을 흔들어 놓습니다.
그러나 마음이 평온하면
작은 일에도 요동치지 않습니다.
남의 선택보다 우리 아이의 하루,
평판보다 우리 가정의 호흡을 보게 됩니다.

불안은 나약함이 아니라,
사랑하는 존재를 향한 깊은 책임의 또 다른 이름입니다.
하지만 그 책임이 두려움으로 바뀌는 순간,
사랑은 방향을 잃습니다.
엄마의 마음이 흔들리면
그 진동은 아이의 마음에 닿습니다.
아이가 보내는 하루는 결국 엄마의 마음으로 빚어진 하루입니다.

그래서 선택의 첫걸음은
시설이나 프로그램이 아니라,
내 마음의 온도를 살피는 일입니다.
조급하지 않은가, 두렵지 않은가.
이 질문 앞에서 잠시 멈추어 설 수 있다면,

이미 반은 올바른 길에 들어선 것입니다.

평온은 단순한 감정이 아닙니다.
그것은 나 자신과 화해하는 용기,
그리고 세상을 신뢰하는 태도입니다.

엄마로 살아간다는 것은
끊임없이 자신을 조율하는 일입니다.
때로는 흔들리고, 후회하고, 다시 다짐하지요.
그 모든 과정이 아이에게는
'삶을 견디는 법'을 배우는 가장 아름다운 교과서가 됩니다.
그러니 완벽해지려 하지 마십시오.
그저 평온을 선택하십시오.
엄마가 평온하면 아이는 안정되고,
그 안정 속에서 세상을 신뢰하는 법을 배웁니다.

좋은 선택은
많은 정보를 아는 데서 시작되지 않습니다.
마음을 가라앉히는 데서 시작됩니다.
아이의 행복은 결국 부모의 평온에서 피어납니다.
엄마의 조급함이 아닌 신뢰의 미소,
불안의 시선이 아닌 온기의 눈빛이
아이의 내일을 더 따뜻하게 밝혀 줍니다.

흔들린 감정이 전해지는 순간

유치원이나 어린이집을 고르는 과정에서
부모의 마음은 수없이 흔들립니다.
"이곳이 좋대요."
"저 원은 선생님이 친절하대요."
"그 원에 다니면 초등학교 갈 때 유리하대요."
이런 말들은 위로처럼 들리지만,
때로는 불안을 더욱 키웁니다.
인터넷 후기, 커뮤니티, SNS의 정보들이 쏟아질수록
마음의 방향은 점점 흐려집니다.
문제는 바로 그때,
시선이 '내 자녀'에게서 멀어진다는 것입니다.
남들이 좋다고 한 기준에 마음이 기울면
정작 우리 유아에게 맞는 선택은 희미해집니다.

남의 기준이 주는 잠깐의 안심은 달콤하지만,
그 선택이 우리 아이의 기질과 어긋난다면
결국 불안과 후회로 돌아옵니다.
주변의 말만 믿고 등록했지만,

막상 교실 앞에서 눈물짓는 어린 존재를 바라볼 때
부모의 마음은 속으로 자책합니다.
'괜히 다른 사람 말만 믿고 보냈나 봐.'
아이는 정보가 아니라
부모의 확신을 보고 자랍니다.
부모의 시선이 흔들리면
그 마음은 세상도 흔들린다고 느낍니다.

활달한 자녀에게 지나치게 조용한 원은 답답함이 되고,
차분한 자녀에게 경쟁적인 분위기는 부담이 됩니다.
현명한 선택은 남의 이야기가 아니라
자녀의 눈높이에서 출발합니다.
부모의 마음이 단단할 때,
아이는 안심하고 세상을 향해 한 걸음을 내딛습니다.
결국 좋은 유치원 선택의 시작은
'어디가 좋을까?'가 아니라
'우리 아이는 어떤 아이일까?'라는 질문입니다.

아이를 바라보는 마음의 눈

낯선 현관의 공기, 아이들의 웃음소리, 선생님의 따뜻한 인사 한마디.
이 모든 것이 새롭고 반가우면서도, 마음 한켠에는 알 수 없는 불안이 스며듭니다.
아이를 위한 선택이지만, 실은 부모의 마음을 시험하는 순간이기도 합니다.
불안이 커질수록 작은 일에도 마음은 쉽게 흔들립니다.
선생님의 말투 하나, 자녀의 울음 한 번, 복도의 소음조차 더 크게 들리곤 합니다.

그럴 때 부모의 마음속에서는 수많은 질문이 떠오릅니다.
"저 선생님이 우리 아이에게도 저렇게 다정하실까?"
"저 어린 친구는 잘 웃는데, 우리 아이도 저렇게 지낼 수 있을까?"
마음이 불안하면 시선은 점점 세밀해지고,
그 세밀함이 때로는 불안의 돋보기가 되기도 합니다.

하지만 마음이 고요해지면 세상이 달라집니다.
같은 장면을 보더라도 완전히 다른 풍경으로 다가옵니다.
교실 안에서 블록을 쌓으며 서로 웃는 아이들,
작은 실수를 다정히 감싸주는 교사의 눈빛,

복도에 걸린 그림 속에서 반짝이는 색과 온기—
모든 것이 하나의 따뜻한 이야기처럼 보이기 시작합니다.
그때 부모는 조용히 속삭입니다.
"아, 이곳이라면 괜찮겠다."
그 한마디 속에는 수많은 감정이 담겨 있습니다.
안도감, 신뢰, 그리고 '이제 됐다.'는 마음의 평화가.

좋은 원을 구분 짓는 힘은 후기나 정보가 아니라
부모의 평온한 마음이 보는 눈입니다.
불안한 눈으로 보면 비교가 먼저 보이지만
평온한 마음으로 보면 본질이 보입니다.
교실의 크기보다 교사의 말에 담긴 따뜻함,
프로그램보다 아이의 웃음소리,
다른 부모의 평가보다 교사의 표정,
시설의 화려함보다 공간의 숨결이 더 크게 다가옵니다.

세상은 결국 부모의 시선으로 만들어집니다.
부모의 눈이 흔들리지 않을 때, 마음도 단단해집니다.
불안한 마음으로는 아무리 좋은 곳도 불안하게 보이지만,
평온한 마음으로 바라보면 평범한 공간도 따뜻하게 느껴집니다.

좋은 원은 완벽해서 좋은 곳이 아닙니다.

내 마음이 편안해지는 곳, 그곳이 좋은 원입니다.
평안 속에서 아이는 웃음을 배우고,
부모는 세상을 조금 더 다정하게 바라보게 됩니다.
그 시선이 바로 아이의 하루를 밝히는 가장 따뜻한 빛입니다.

스스로에게 던지는 조용한 질문

유치원·어린이집을 고르는 일은
발품보다 마음을 다잡는 일이 먼저입니다.
수많은 정보를 모으고, 후기를 읽고, 비교표를 만들어도
불안은 쉽게 사라지지 않습니다.
왜냐하면 불안은 정보로 채워지는 것이 아니라,
마음의 평온으로 다스려지는 것이기 때문입니다.

불안한 마음으로 상담을 가면
교사의 말투 하나, 표정 하나에도 마음이 흔들립니다.
"조금 딱딱한 건 아닐까?"
"우리 자녀를 잘 챙겨주실까?"
심지어 교실의 조명이나 벽의 색깔까지도
괜히 차갑게 느껴질 때가 있습니다.
아무리 남들이 좋다고 말해도,
내 마음이 준비되지 않았다면
그 어떤 말도 확신이 되지 못합니다.

그래서 먼저 자신에게 물어보아야 합니다.

"지금 우리 아이에게 가장 필요한 건 무엇일까?"
"내 불안을 감추기 위해 서두르고 있는 건 아닐까?"
"남들의 선택을 따라가며 안정을 찾으려는 건 아닐까?"
이 세 가지 물음은 단순한 고민이 아니라,
마음을 비추는 거울입니다.
거울 속에서 자신을 바라볼 때,
비로소 길이 선명해집니다.
다른 가정의 아이에게 잘 맞는 원이
우리 자녀에게는 오히려 불편할 수 있습니다.

활달한 아이에게는 마음껏 뛰어놀 수 있는 자유가,
차분한 성향의 아이에게는 다정한 시선과 기다림이 필요합니다.
원은 단순한 공간이 아니라
한 아이의 하루가 살아 숨 쉬는 세계입니다.
그리고 그 하루는 부모의 마음을 닮습니다.
불안한 마음은 자녀의 표정으로 옮겨가고,
평온한 마음은 그 하루의 일상 속에 스며듭니다.
감정은 말보다 빠르게 전달되고,
그 진동이 아이의 하루를 만듭니다.

그래서 유치원을 고르는 일은
'좋은 곳'을 찾는 과정이 아니라,

'마음이 평온해지는 곳'을 찾는 과정입니다.
불안을 줄이는 가장 좋은 방법은
더 많은 정보를 얻는 것이 아니라,
내 마음을 먼저 다독이는 일입니다.

마음이 고요해지면, 비로소 본질이 보입니다.
그때 부모의 눈은 겉모습이 아니라
자녀의 미소가 피어날 수 있는 공간을 알아봅니다.

시간을 통해 감정을 정리하는 법

많은 부모들이 좋은 선택을 위해 발품을 팝니다.
인터넷으로 정보를 모으고, 블로그 후기를 읽고, 친구의 조언을 듣고,
때로는 몇 주 동안 여러 원을 찾아다니며 마음을 재고 또 재봅니다.
노력은 분명 귀하고 아름답습니다.
하지만 마음이 정리되지 않은 채 방문을 반복하면,
발걸음은 점점 무거워지고 생각은 복잡해집니다.

아이의 성향을 충분히 모른 채 원을 보면
눈은 자연스레 겉모습에 끌립니다.
넓은 놀이터, 최신식 교구, 잘 꾸민 교실, 다양한 커리큘럼…
이 모든 것이 눈을 사로잡지만, 마음을 편하게 하지는 못합니다.
비교할수록 마음은 더 복잡해지고,
좋은 곳을 찾을수록 방향은 점점 흐려집니다.

그러나 정작 중요한 것은 눈에 보이지 않습니다.
하루가 어떻게 흘러가는지,
교사는 어떤 눈빛으로 바라보는지,
아이가 어떤 표정을 짓게 될지를 상상해 보아야 합니다.

좋은 원은 웃음소리로 확인되는 곳입니다.
진짜 준비는 발품이 아니라 마음의 정리입니다.

우리 가정이 교육에서 가장 중요하게 여기는 가치,
지금 우리 아이에게 꼭 필요한 것이 무엇인지,
그 기준이 분명해질 때 비로소
'우리 아이에게 꼭 맞는 곳'을 흔들림 없이 찾을 수 있습니다.

먼저 도착한 온기의 의미

유치원 문 앞에 서 있는 것은,
언제나 자녀보다 먼저 도착한 부모의 마음입니다.
설렘과 걱정이 뒤섞인 채 손끝이 떨릴 때,
조용히 묻습니다.
"이곳이 괜찮을까?"
"우리 아이가 행복할까?"
그 질문의 답은 의외로 멀리 있지 않습니다.
자녀보다 먼저 느껴지는 안정의 기운,
교사의 눈빛, 복도에 흐르는 말투와 웃음소리 속에
이미 답이 숨어 있습니다.

좋은 원은 설명이 아니라 분위기로 마음을 안심시킵니다.
시선이 편안해질수록, 어린 존재의 걸음도 부드러워집니다.
부모의 마음이 흔들리면,
그 떨림은 자녀의 마음에도 고스란히 전해집니다.

그래서 좋은 원을 찾는 일은
단순히 시설을 고르는 일이 아니라,

마음이 머물 수 있는 공간을 찾는 일입니다.

복도에 걸린 그림 한 장이 따뜻하게 다가오고,

교사의 미소가 진심처럼 느껴지고,

교실 안에서 들려오는 웃음소리가

자연스럽게 마음을 누그러뜨린다면

그곳은 이미 좋은 원일지도 모릅니다.

"여기는 네가 즐겁게 지낼 수 있는 곳이야."

이 한마디는 아이의 마음속에

햇살처럼 스며듭니다.

그 따뜻한 확신이

세상을 향한 첫걸음이 됩니다.

감정을 돌보는 부모의 용기

유치원과 어린이집을 고른다는 것은
단순한 조건의 비교가 아니라
자신의 내면을 들여다보는 일입니다.
눈으로는 정보를 보고, 귀로는 설명을 듣지만
진짜 결정은 마음의 울림으로 이루어집니다.
"나는 지금 불안해서 결정을 서두르고 있지는 않은가?"
"남들의 선택에 기대어 나의 안심을 찾고 있지는 않은가?"
"내 아이의 기질과 속도를 진심으로 이해하고 있는가?"

이 질문들은 부모의 마음을 흔들지만
그 흔들림은 결코 약함이 아닙니다.
마음을 진실하게 마주할 용기,
그것이야말로 부모됨의 시작입니다.

좋은 선택은 정보가 아니라
자신을 이해하는 시간에서 피어납니다.
마음이 고요해질수록
보이지 않던 본질이 선명해집니다.

원의 규모보다 교사의 눈빛이 먼저 들어오고
교육 내용보다 웃음이 더 크게 들릴 때,
마음은 조용히 속삭입니다.
"여기가 우리 아이에게 어울리는 곳이야."
유치원 선택은 첫 학교를 찾는 일이자,
부모가 자신의 감정을 성찰하는 여정입니다.

아이를 돌보는 일은
결국 나의 마음을 돌보는 일과 다르지 않습니다.
불안을 내려놓고, 믿음을 세우는 순간
부모는 더 단단해지고,
그 평온함이 아이의 내면으로 전해집니다.

행복은 완벽한 선택에서 오지 않습니다.
그저 흔들림 속에서도 자신을 다독일 줄 아는
한 사람의 용기에서 시작됩니다.

두려워도 해야 하는 선택

"혹시 우리 아이가 뒤처지지 않을까?"
"다른 아이들보다 부족해 보이면 어쩌지?"
부모의 마음속에 두려움이 스며드는 순간,
그림자가 선택을 덮습니다.
불안한 눈으로 고른 공간은
아이가 머무는 내내 불안을 품게 됩니다.

조기교육이 좋다는 말에 서둘러 등록했지만,
낯선 언어와 빠듯한 일정 속에서
눈물을 삼키며 하루를 버팁니다.
부모는 그제야 깨닫습니다.

아이에게 필요한 건 빠른 시작이 아니라 따뜻한 시작이었다는 것.

두려움으로 내린 선택은 쉽게 흔들리지만,
평안으로 내린 선택은 오래갑니다.

부모의 평안이 마음으로 전해질 때,

세상은 더 이상 낯설게 느껴지지 않습니다.
두려움이 아닌 평안 속에서 내린 선택
그것이야말로 우리에게 주는 가장 큰 선물입니다.

흔들리지 않는 마음의 힘

많은 부모가 이렇게 말합니다.
"집에서 가깝대요."
"다른 친구들도 그 원에 다닌대요."
처음에는 이 말에 안심이 됩니다.
하지만 마음에 확신 없이 내린 선택은 시간이 지날수록 불안을 키웁니다.

처음엔 괜찮아 보였던 공간도
어느 날은 낯설게 느껴지고,
교사의 표정 하나, 아이의 말투 하나에도
마음이 요동칩니다.
'정말 이곳이 맞을까?'
이 의심은 원의 문제가 아니라,
부모 마음의 불안이 만들어내는 그림자입니다.

진짜 안정은 외부의 평가에서 오지 않습니다.
그것은 부모의 마음속에서 시작됩니다.
누가 뭐라 해도,
직접 보고 느낀 따뜻함이 있다면

그곳이 바로 당신 아이의 세상입니다.

교사의 눈빛이 닿는 순간이 포근한지,

교실의 분위기가 부드러운지,

아이가 공간 안에서 숨을 고를 수 있는지,

이것을 마음으로 느낄 때

비로소 확신은 자리를 잡습니다.

확신을 가진 부모는 작은 흔들림 앞에서도 쉽게 흔들리지 않습니다.

부모의 평안이 전해질 때, 아이는 세상을 믿는 법을 배워 갑니다.

흔들림 없는 마음은

아이에게 가장 깊은 안심을 줍니다.

결국 하루를 지켜 주는 건

프로그램이 아닌

부모의 잔잔한 확신입니다.

후회 속에서 피어난 깨달음

불안 속에서 내린 선택은 결국 후회를 남깁니다.
"괜찮겠지, 다들 보내니까."
이 말은 스스로를 위로하는 듯하지만,
그 속에는 이미 흔들림이 숨어 있습니다.
다른 이의 결정에 기대어 내 결정을 정당화할 때,
마음 한켠에는 미세한 의심이 남습니다.

'정말 우리 아이에게 맞는 곳일까?'
'내가 서두른 건 아닐까?'
불안으로 내린 선택은 입학 이후에도 그림자처럼 따라옵니다.
작은 일에도 마음이 요동치고,
사소한 상황에도 "혹시 잘못 고른 걸까?"라는 생각이 고개를 듭니다.

불안은 한 번의 선택으로 끝나지 않습니다.
생활 속에서 습관처럼 되살아나는 감정입니다.
반면 평온 속에서 내린 선택은 다릅니다.
정보나 유행이 아니라,
마음의 확신으로 내린 결정은 오래갑니다.

"엄마는 이곳에서 네가 행복할 거라고 믿어."
이 한마디에 담긴 믿음이
안정의 뿌리가 되고, 흔들리지 않는 중심이 됩니다.

믿음이 있는 가정에서는
아이가 울어도 함께 흔들리지 않습니다.
"괜찮아. 네가 울어도, 이곳에서 잘 자랄 거라고 믿어."
이 말은 아이에게 세상을 믿게 하는 안전의 언어가 됩니다.
불안이 만든 선택은 늘 주변을 의식합니다.
다른 아이의 성취에 마음이 흔들리고,
다른 부모의 말 한마디에도 자신감이 꺾입니다.

그러나 평온이 만든 선택은 방향이 분명합니다.
비교보다 성장을, 불안보다 신뢰를 선택하는 부모는
매일의 하루를 따뜻하게 지켜냅니다.

유치원이나 어린이집을 고르는 일은
결국 기관을 선택하는 일이 아니라,
자신의 마음을 선택하는 일입니다.
정보보다 확신을, 두려움보다 평온을 선택할 때,
그 결정은 시간이 흘러도 흔들리지 않습니다.
결국 남는 것은 마음의 질감입니다.

불안이 만든 선택은 후회를 남기지만,

평온이 만든 선택은 세월이 흘러도 변치 않는 확신을 남깁니다.

아이의 행복은 좋은 시설보다,

평온한 부모의 눈빛에서 시작됩니다.

마음이 닿을 때, 행복은 완성된다

유치원 문 앞에 서 있는 부모의 마음은
언제나 아이보다 먼저 도착해 있습니다.
작은 손을 잡고 있지만,
사실 떨리는 것은 아이의 손이 아니라 부모의 마음입니다.
"괜찮을까? 잘 지낼 수 있을까?"
그 짧은 질문 속에는 사랑과 두려움이 함께 머뭅니다.
그러나 잠시 눈을 감고 숨을 고르면,
불안은 서서히 가라앉고 마음의 시선이 열립니다.

그제야 비로소 보입니다.
아이들의 웃음 속에 번지는 따뜻한 빛,
선생님의 눈빛에 머무는 진심,
복도를 따라 흐르는 사람의 온기.
좋은 유치원은 조건으로 완성되지 않습니다.
새 건물도, 화려한 프로그램도
시간이 지나면 빛이 바래지만,
마음이 편안한 곳은 시간이 흘러도 따뜻함이 남습니다.

그곳이 바로 우리 가족의 온도에 맞는 원입니다.
**비교보다 신뢰를, 불안보다 평안을 선택할 때
비로소 진짜 선택이 시작됩니다.**
유치원과 어린이집을 고르는 일은
시설의 문제가 아니라 마음의 철학을 세우는 일입니다.
다른 부모의 기준이 아니라
우리 아이의 웃음과 가족의 호흡을 따라갈 때,
선택은 정보가 아니라 신뢰의 길이 됩니다.

마음이 먼저 평안해야 눈이 제대로 보이고,
눈이 편안해야 사람의 진심이 보입니다.
그래서 **선택의 출발은 언제나 마음입니다.**
마음이 두려움이 아닌 설렘으로 채워질 때,
그 마음은 아이보다 먼저 원에 도착해
보이지 않게 아이를 감싸 줍니다.
그렇게 마음이 먼저 도착한 곳,
그곳이 바로 아이의 행복이 머무는 자리입니다.

가이드 5

선택 이후: 행복을 다시 배우다

부모의 마음에서 시작된 이야기

저는 오랜 시간 전국을 다니며 부모교육을 해 왔습니다.
강의가 끝나면, 강의실 한쪽에서 조심스럽게 손을 드는 엄마들이 있습니다.
"교수님, 우리 아이에게 맞는 유치원은 어디일까요?"
"무엇을 기준으로 선택해야 할까요?"
질문은 단순한 정보 탐색이 아니었습니다.
안에는 '잘하고 싶은 마음', '놓아버릴 수 없는 불안',
'아이에게 좋은 세상을 열어주고 싶다.'라는 간절함이 담겨 있었습니다.

그래서 나는 현장에서 직접 마음을 듣기로 했습니다.
강의가 끝나고 남은 시간, 커피 한 잔 앞에서
엄마들은 조용히 자신의 이야기를 꺼냈습니다.
두려움과 기대, 죄책감과 안도감이 교차하던 순간들.

그 이야기들 속에서 나는 깨달았습니다.
유치원과 어린이집을 고른다는 건 건물을 고르는 일이 아니라,
평범한 생활과 부모의 마음을 함께 지키는 선택이라는 것을.

이 책은 바로 마음에서 비롯된 기록입니다.
정보보다 마음이 먼저였고, 기준보다 진심이 앞섰던
엄마들의 '행복한 선택'에 관한 이야기입니다.

> "시간을 흘려보내는 것이 아니라,
> 마음을 지켜 주는 선택을 하고 싶어요."
> 김하은, 35세, 맞벌이, 4세 아이 엄마

하은 씨의 하루는 늘 시계와의 싸움이었다.
출근길 지하철 안에서도 머릿속엔 어린이집 하원 시간이 떠올랐다.
퇴근 후엔 어김없이 미안함이 뒤따랐다.
"엄마가 늦어서 미안해."
말을 하루에도 몇 번이나 반복했다.
그래서 어린이집을 알아볼 때,
그녀가 세운 첫 번째 기준은 명확했다.
'운영 시간이 긴 곳.'
일과 육아의 균형을 맞추려면, 그것이 가장 현실적인 선택이었다.

하지만 상담을 다니며 그녀의 마음은 조금씩 달라졌다.
아이들이 조용히 낮잠을 자고 있을 무렵,
한 교실에서 교사가 아이 머릿맡을 다정히 쓰다듬는 모습을 보았다.
순간, 하은 씨는 깨달았다.
"시간보다 중요한 것은 마음이구나."
"운영 시간이 조금 짧아도 괜찮아요.
대신 아이의 하루가 따뜻하면 그게 더 소중하더라고요."

그녀는 그날 이후 어린이집을 볼 때
가장 먼저 교사의 분위기를 살핀다.
아이의 눈빛이 반짝이고,
"선생님이 좋아."라는 말이 자연스럽게 흘러나오는 곳.
그곳이 그녀에게는 최고의 어린이집이었다.
퇴근길, 아이를 마중 나갈 때면
지친 하루가 한순간에 녹는다.
"엄마, 오늘 선생님이 나 안아줬어!"
아이의 웃음이 하은 씨에게는
세상 어떤 위로보다 크게 다가온다.

"공부보다 놀 수 있는 곳을 고른다."
이소연, 39세, 전업주부, 5세 아이 엄마

소연 씨는 아이를 유치원에 보내기 전, 교육 자료를 가득 모았다.
'배움이 많은 유치원', '선행 학습', '체계적 프로그램'이라는 문구가 마음을 흔들었다.
아이를 위해서라면, 남들보다 한발 앞서야 한다고 믿었다.

그러던 어느 날, 예비 소집에 참여했다.
활기찬 음악과 화려한 수업 소개 속에서
소연 씨의 다섯 살 딸아이는 고개를 숙였다.
그리고 작은 목소리로 말했다.
"엄마, 여기 너무 시끄러워…."
순간, 소연 씨의 눈이 흔들렸다.
손이 떨리는 걸 느끼며 깨달았다.
'아, 이 아이에게 필요한 건 배우는 속도가 아니라, 마음의 여유구나.'

며칠 뒤, 우연히 들어간 작은 유치원.
커다란 교실도, 화려한 교구도 없었지만
아이들은 서로의 손을 잡고 노래를 부르고 있었다.
한쪽에서는 교사가 무릎을 꿇고 이야기를 들어주고 있었다.

그 장면이 마음에 오래 남았다.

"그날 이후 저는 놀이를 다시 봤어요.
놀이가 단순한 시간이 아니라, 아이가 세상을 배우는 진짜 방법이더라고요."
지금의 소연 씨는 말한다.
"이제는 '얼마나 배우느냐'보다
'얼마나 웃느냐'를 보게 돼요.
웃음이 많은 곳이 결국 배움이 많은 곳이더라고요."

"말보다 소통의 태도를 봅니다."
박지민, 42세, 워킹맘, 6세 아이 엄마

지민 씨의 하루는 늘 분주한 시계처럼 흘러갔다.
회의가 길어질 때마다 휴대폰을 확인했고,
그때마다 마음속엔 같은 질문이 떠올랐다.
"오늘 아이는 잘 지내고 있을까?"
그래서 어린이집을 고를 때 그녀의 기준은 분명했다.
'소통이 잘되는 곳.'
단순히 사진 몇 장이 올라오는 곳이 아니라,
아이 곁의 어른이 하루를 마음으로 전해주는 곳을 찾았다.

"말투가 따뜻하고, 하루를 구체적으로 이야기해 주는 선생님.
그게 진짜 믿음을 주더라고요."
그녀가 선택한 어린이집에서는
매일 알림장에 짧은 글이 올라왔다.
"오늘 ○○가 친구에게 먼저 인사했어요. 큰 용기였어요."
그 문장을 읽는 순간,
지민 씨는 회사 책상 앞에서도 미소를 지었다.

"부모와 선생님이 같은 방향을 볼 때,

그게 아이에게 가장 큰 안정이 되더라고요."

이제 지민 씨는

일과 육아 사이에서 예전처럼 흔들리지 않는다.

미소가 그녀의 하루를 평온하게 만들고,

한 줄의 기록이 그녀의 마음을 단단하게 지탱한다.

지민 씨는 말한다.

"결국 좋은 소통은 말이 아니라 마음이더라고요.

마음이 통하는 곳—

이곳이 바로 우리 가족의 안심이 시작되는 곳이에요."

"교사의 눈빛이 따뜻한 곳을 고른다."
최가영, 33세, 첫아이 엄마

첫아이를 맡길 때, 가영 씨는 시설만 봤다.
넓은 교실, 최신 교구, 깔끔한 인테리어.
그런데 돌아오는 길마다 마음이 묘하게 불편했다.
마지막으로 방문한 유치원에서
원장은 조용히, 그러나 단호하게 말했다.
"저희는 아이를 많이 가르치기보다,
깊이 바라봐 주는 것을 교육의 중심에 두고 있습니다."
그 말에 가영 씨의 눈가가 붉어졌다.

아이를 낳은 뒤 늘 "잘해야 한다"는 압박 속에 살았던 그녀에게
그 말은 처음으로 받은 위로 같았다.
"그날 이후 저는 원의 방향을 보기 시작했어요.
벽의 색보다 사람의 눈빛이 더 중요하다는 걸 알았죠."
지금도 가영 씨는 상담을 오는 다른 엄마들에게 이렇게 말한다.
"좋은 원은 커리큘럼이 아니라 교사의 눈빛이에요.
눈빛이 따뜻하면, 아이는 어떤 공간에서도 잘 자라요."

"규칙보다 관계를 중시하는 원을 고른다."
윤혜림, 37세, 3남매 엄마

세 아이를 키우며 혜림 씨는 몸으로 배웠다.
규칙이 엄격한 곳이 반드시 좋은 건 아니라는 걸.
아이마다 속도도 다르고, 기질도 다르기 때문이다.
"우리 막내는 느린 아이예요.
옷 입는 것도, 밥 먹는 것도, 한참이 걸려요.
그래서 '빨리빨리'만 외치는 곳에서는 늘 위축됐어요."
그래서 혜림 씨는 달라졌다.

이젠 '규칙'보다 '관계'를 본다.
교사가 아이의 속도를 기다려 주고,
실수를 꾸짖지 않고 성장의 과정으로 바라봐 주는 곳.
그런 곳이 진짜 교육이라 느꼈다.
"이젠 성취보다 행복이 먼저예요.
관계가 따뜻하면 배움은 자연히 따라오더라고요."
아이 셋을 키우는 그의 하루는 여전히 분주하지만,
그 안엔 평온이 있다.
'빨리'가 아닌 '함께'를 배우는 시간 속에서
아이들은 스스로 자라고 있었다.

"교사와의 믿음이 전부다."
장유진, 40세, 외동딸 엄마

유진 씨는 스스로를 "조금 예민한 엄마"라고 말한다.
상담 때마다 꼬치꼬치 묻고, 작은 일에도 마음이 흔들렸다.
"점심은 얼마나 먹나요?"
"낮잠은 꼭 재워주나요?"
"혹시 아이가 울면 바로 연락을 주시나요?"
불안한 질문 끝에, 교사가 미소 지으며 말했다.
"어머님, 아이를 믿는 만큼 선생님도 믿어 주세요."
그 말이 마음을 울렸다.
"그날 이후 저는 불안 대신 믿음을 선택했어요.
교사를 신뢰하기 시작하자, 아이의 하루도 편안해졌어요."

이제 유진 씨는 확신한다.
"좋은 원은 완벽한 곳이 아니라,
부모가 마음 놓고 믿을 수 있는 곳이에요."
믿음이 시작되는 순간, 웃음도 다시 피어난다.

"작지만 따뜻한 원을 고른다."

정은정, 38세, 재취업 준비 중, 5세 아이 엄마

은정 씨는 재취업을 준비하며 '큰 기관'을 먼저 떠올렸다.
시설이 크고 프로그램이 많으면 안정적일 거라 믿었다.
그러나 몇 곳을 둘러볼수록 마음이 피로했다.
아이들이 줄을 서서 이동하고, 교사들은 분주히 체크리스트를 들여다봤다.
모든 것이 완벽했지만, 정작 따뜻하지 않았다.
그러던 중, 골목 끝의 작은 원을 방문했다.
아이들이 자유롭게 그림을 그리고,
교사는 아이 이름을 한 명씩 부르며 다정히 대화하고 있었다.
풍경은 소박했지만, 마음을 울렸다.
"그날 느꼈어요. 크기가 아니라 분위기가 중요하구나."

그녀는 작지만 따뜻한 원을 선택했다.
"큰 세상에 나가기 전에,
아이에게 작은 세상 안에서 사랑받는 경험을 주고 싶었어요."
지금 은정 씨는 말한다.
"하루가 따뜻하면,
엄마의 마음도 저절로 평안해집니다."

PART 6

변화의 시대, 배움의 방향을 세우다

AI 시대의 도래는 아이들의 세상을 바꾸고 있습니다.
기계가 지식을 대신하고, 정보가 넘쳐나는 시대.
그러나 그 속에서 점점 더 소중해지는 것은
사람의 마음과 생각, 그리고 감정의 깊이입니다.

이제 유치원과 어린이집을 선택한다는 것은
단순히 프로그램을 고르는 일이 아니라,
어떤 인간으로 자라나게 할 것인가를 묻는 일이 되었습니다.

지식보다 상상력, 속도보다 여유,
결과보다 과정을 존중하는 교육
그것이 진짜 미래를 준비하는 배움의 길입니다.
AI가 아무리 똑똑해져도
아이의 웃음을 대신할 수는 없습니다.
창의력은 기계의 계산에서가 아니라,
자유로운 놀이와 따뜻한 관계 속에서 피어납니다.

그래서 부모가 봐야 할 것은
'얼마나 새로운 시스템이 있는가'가 아니라,
'그 안에서 아이가 얼마나 기쁘게 배우고 있는가'입니다.
원의 가치는 통학의 물리적인 거리보다 일상생활이 물 흐르듯
자연스럽게 이어지는 공간으로 평가되어야 합니다.
아이의 눈빛이 반짝이고,
교사의 목소리에 다정함이 머물며,
시간이 평화롭게 흘러가는 곳.
그곳이야말로 배움이 살아 있는 곳입니다.

무엇보다 중요한 기준은 단 하나입니다.
"우리 아이가 행복할 수 있는가?"

행복한 아이는 더 잘 배우고,
잘 배우는 아이는 스스로의 존재를 믿습니다.
부모가 두려움보다 희망을,
불안보다 믿음을 선택할 때
아이는 자신감을 얻고, 가능성을 꽃피웁니다.
결국, 시대가 아무리 변해도
배움의 출발점은 부모의 신념입니다.

흔들리지 않는 교육 철학,
그리고 행복을 최우선으로 두는 마음이
AI 시대의 교육을 가장 인간적으로 완성합니다.
기계가 답을 줄 수는 있어도,
사람만이 길을 보여줄 수 있습니다.
그 길 위에서 부모의 평온한 확신이
아이의 내일을 비추는 첫 빛이 됩니다.

배움의 기준을 새롭게 세우다

요즘 세상은 빠르게 변하고 있습니다.
AI가 그림을 그리고, 글을 쓰며, 복잡한 문제도 척척 풀어냅니다.
하지만 그 어떤 기술도 아이의 눈빛과 웃음을 대신할 수는 없습니다.

아이가 스스로 궁금해하고, 친구와 함께 놀며
선생님과 마음을 나누는 시간.
그 안에서 자라는 힘이야말로 진짜 배움의 시작입니다.

이제 유치원과 어린이집은 단순한 보육의 공간을 넘어,
아이의 세상을 여는 첫 교실이 되어야 합니다.
아이에게 필요한 힘은 점수를 잘 받는 능력이 아니라,
함께 배우고, 공감하고, 스스로 문제를 풀어가는 힘입니다.

AI는 지식을 알려줄 수 있지만,
따뜻한 마음과 함께 배우는 법은 오직 사람이 가르칠 수 있습니다.
그래서 부모가 원을 고를 때
보셔야 할 것은 '교재의 양'이 아니라 '교실의 온도'입니다.
그 안에서 아이들이 어떻게 질문하고, 어떻게 웃는가를 살펴보세요.

"이건 왜 그럴까?"

"같이 해볼까?"

이런 대화가 오가는 교실이라면, 이미 훌륭한 배움이 자라고 있는 곳입니다.

교사가 유아의 말을 끝까지 들어주고,

작은 다툼도 대화로 풀어내며,

"잘했어."라는 말보다 "즐거웠니?"라고 묻는 곳—

그곳에서 어린 존재는 세상을 살아갈 힘을 배웁니다.

결국 부모가 던지셔야 할 질문은 하나입니다.

"이곳에서 우리 아이는 얼마나 행복하게 배울 수 있을까?"

행복하게 배우는 아이가, 결국 세상을 가장 깊이 배우는 아이입니다.

선택의 이유를 스스로 돌아보다

AI 시대는 단순한 변화가 아닙니다.
이제 중요한 것은 '얼마나 많이 아는가'가 아니라,
'그 지식을 어떻게 활용하고 연결할 수 있는가'입니다.
암기와 반복은 이미 기계가 더 잘합니다.
그렇다면 부모가 던져야 할 질문도 달라져야 합니다.
"얼마나 가까운가?", "얼마나 유명한가?"가 아니라,

"이 원이 우리 자녀에게 창의성과 공감, 협력과 주도성을 키워 주는가?"

이 물음이야말로 AI 시대의 부모가 가져야 할 새로운 기준입니다.
AI 시대의 유치원과 어린이집은
단순히 영어, 코딩, 컴퓨터를 가르치는 곳이 아닙니다.
아이가 놀이 속에서 스스로 질문을 던지고,
실패해도 다시 도전할 수 있는 용기를 배우며,
함께 문제를 해결하는 힘을 기르는 곳이어야 합니다.

진짜 교육은 내면에서 일어나는 움직임입니다.
원을 방문했을 때 눈에 담아야 할 것은

건물의 크기나 교구의 화려함이 아닙니다.

그보다 먼저, '교실의 공기'와 '관계의 온도'를 느껴보세요.
아이들이 자유롭게 웃고 있는가?
교사가 아이의 이야기에 진심으로 귀 기울이고 있는가?
그 장면이 바로 그 원의 교육관입니다.

AI 시대의 교육은 지식의 전달이 아니라, 인성의 기반에서 시작됩니다.
기계를 이길 수 있는 것은 정보가 아니라 감정입니다.
따뜻한 교사, 열린 대화, 존중이 흐르는 교실
이 모든 것이 한 아이에게 세상을 살아갈 힘을 길러 줍니다.

부모의 선택 기준이 달라질 때
배움의 방향도 달라집니다.
편리함보다 가치,
시설보다 사람,
결과보다 과정을 바라보는 부모.
그 밑에서 자란 자녀는
AI 시대에도 흔들리지 않습니다.

결국 좋은 원은 미래를 '가르치는 곳'이 아니라,
미래를 '살아낼 힘'을 길러 주는 곳입니다.

그 힘은 교사의 눈빛에서,

아이들의 웃음에서,

그리고 부모의 철학에서 시작됩니다.

행복이 중심이 되는 교육

AI 시대의 경쟁력은 지식이 아니라 행복입니다.
AI는 방대한 정보를 단숨에 처리할 수 있지만,
마음을 따뜻하게 해주고,
서로의 눈빛에서 공감을 읽어내는 일은 오직 인간만이 할 수 있습니다.

행복한 아이는 실패 앞에서도 쉽게 무너지지 않습니다.
넘어져도 다시 일어서고, 틀려도 다시 웃을 줄 압니다.
그 힘은 "나는 소중한 존재야."라는 믿음에서 나옵니다.
이 믿음은 지식보다 강하고, 점수보다 오래갑니다.
마음을 단단하게 세우는 것은
지식이 아니라 사랑받고 있다는 확신입니다.

행복의 징표는
놀이터에서 몰입하며 순수하게 웃는 얼굴,
선생님을 향한 반짝이는 눈빛,
교사가 아이의 말에 고개를 끄덕이며 흐뭇한 미소를 짓는 순간들에서
찾아볼 수 있습니다.

행복은 학습의 결과가 아니라 학습의 조건입니다.

마음이 따뜻할 때,

새로운 것을 받아들이는 뇌도 열립니다.

정서적으로 안정된 아이는

문제를 만났을 때 도망치지 않고 해결하려는 힘을 가집니다.

이 힘이 바로 AI 시대에도 흔들리지 않는 인간의 핵심 역량입니다.

부모의 역할은 단순히 좋은 시설을 찾는 일이 아닙니다.

마음이 편안하고, 교사의 표정이 따뜻한 공간을 선택하는 일입니다.

그곳에서는 지식보다 사람이 먼저이고,

성적보다 웃음이 먼저입니다.

행복은 경쟁의 반대말이 아닙니다.

행복은 성장의 에너지이며,

미래를 살아갈 가장 큰 자산입니다.

따라서 부모의 가장 현명한 선택은 단 하나,

"우리 아이가 행복하게 자랄 수 있는 원을 고르는 일."

한 가지 선택이 아이의 인생 전체를 바꾸는 첫걸음이 됩니다.

희망의 시선으로 아이를 바라보기

AI 시대에 진짜 필요한 것은 지식이 아닙니다.
변화가 빠를수록, 끝까지 붙잡아야 할 것은 희망을 잃지 않는 마음입니다.
기술이 세상을 바꾸어도,
아이를 키우는 일의 본질은 여전히 사람의 마음에 있습니다.
그리고 그 마음의 방향은 언제나 부모의 시선에서 시작됩니다.

많은 부모가 유치원이나 어린이집을 찾아가며
"괜찮을까?", "우리 아이와 잘 맞을까?"라는 불안을 안고 문을 엽니다.
그러나 이렇게 생각해 보세요.
그곳을 방문했다는 건 이미 긍정의 끌림이 있었다는 뜻입니다.
첫눈에 머물렀고, 발길이 닿았고,
"이곳이라면 괜찮을 것 같다."라는 감정의 울림이 있었기 때문입니다.

즉, 선택의 시작은 이미 희망 위에서 출발하고 있습니다.
그 순간부터는 의심보다 신뢰,
걱정보다 희망의 시선으로 바라보는 일이 중요합니다.

부모의 시선은 곧 세상을 해석하는 방식이 됩니다.

불안한 눈빛은 마음을 조심스럽게 만들고,
비교와 걱정이 담긴 말투는 자신감을 약하게 만듭니다.
반대로 믿음과 희망의 시선으로 바라보는 부모는
자녀 마음속에 "나는 할 수 있어."라는 확신의 씨앗을 심어줍니다.
"괜찮아, 천천히 해도 돼."
"엄마는 네가 잘할 거라고 믿어."
이 짧은 문장들이 어린 마음의 세상 해석을 바꿉니다.
희망의 언어를 들은 유아는 도전을 두려워하지 않습니다.
실패를 끝으로 보지 않고, 배움의 한 과정으로 받아들입니다.
부모의 긍정적인 믿음은 자녀의 내적 회복력을 길러 줍니다.

낯선 교실, 처음 만나는 친구, 새로운 규칙 속에서도
그 마음은 쉽게 흔들리지 않습니다.
믿음이 있기에, 낯선 공간에서도 미소가 남습니다.
유치원 문 앞에서 잠시 멈추어 서 보세요.
두려움 대신 설렘으로,
불안 대신 믿음으로 바라보세요.

그 눈빛이 따뜻하면,
어린 존재는 그 빛을 따라 나아갑니다.
희망을 바라보는 부모 밑에서 자란 자녀는
어떤 시대 속에서도 스스로 길을 찾아갑니다.

부모의 시선이 곧 가능성을 여는 열쇠입니다.

시선 속에 사랑이 있고,

사랑 속에 희망이 있다면,

그 첫걸음은 두려움이 아닌 설렘이 됩니다.

신념이 흔들릴 때 붙잡는 힘

AI 시대는 부모의 신념을 가장 깊숙이 흔드는 시대입니다.
수많은 정보가 쏟아지고, 비교의 말들이 끝없이 이어지며,
교육의 흐름이 하루가 다르게 바뀌고 있습니다.
누군가는 "영어를 일찍 시작해야 한다." 하고,
또 누군가는 "코딩이 필수다."라고 말합니다.
"그 원이 더 좋다더라."
"그 집 아이는 벌써 이런 걸 배운대."
이런 말들이 부모의 마음을 불안하게 만들고,
때로는 '내가 잘못 가고 있는 건 아닐까?' 하는 혼란을 남깁니다.

하지만 첫걸음을 남의 기준으로 세워져서는 안 됩니다.
진짜 교육의 방향은 언제나 **가족의 철학에서 출발**해야 합니다.
"지금 우리 자녀에게 꼭 필요한 것은 무엇일까?"
"우리는 어떤 가치로 아이를 키우고 싶은가?"
이 두 질문이 흔들리지 않는 나침반이 됩니다.
세상이 아무리 빠르게 변해도,
마음이 자라는 속도는 결코 기계처럼 빠를 수 없습니다.
AI는 길을 계산하지만,

부모는 그 길을 어떤 마음으로 걸을지를 결정합니다.

부모의 조급함이 멈추는 순간,
아이는 비로소 배움의 기쁨을 느끼고
스스로 성장하기 시작합니다.
신념은 단단한 울타리이자,
마음이 쉬어 가는 따뜻한 그늘입니다.
그 울타리 안에서 자녀는
불안 대신 안정감을 배우고,
비교 대신 자신만의 속도로 자라납니다.
세상은 유아에게 아직 너무 넓고, 너무 빠릅니다.
그래서 부모의 믿음은
그 마음이 중심을 다시 잡게 해주는 따뜻한 손잡이가 됩니다.

AI는 정확하게 계산하지만,
그 계산 속 사랑의 체온은 없습니다.
반면 부모의 믿음에는
숫자로는 표현할 수 없는 온기와 숨결이 있습니다.
그 온기가 아이를 세상으로 밀어내는 힘이 되고,
넘어졌을 때 다시 일어서게 하는 용기가 됩니다.
결국 AI 시대의 부모에게 가장 필요한 힘은
흔들리지 않는 마음입니다.

수많은 정보 속에서도 방향을 잃지 않고,

자신의 신념으로 길을 세워 주는 일.

그것이 오늘의 부모가 해야 할 가장 큰 교육입니다.

믿음이 따뜻할수록,

자녀는 흔들리지 않습니다.

정보의 홍수 속에서 길을 찾다

AI 시대는 정보의 과잉 시대입니다.
유치원과 어린이집에 관한 수많은 후기, 블로그, SNS 영상,
그리고 주변 부모들의 조언과 비교가 끊임없이 밀려옵니다.
"그 원은 시설이 좋아."
"이 프로그램이 요즘 인기래."
"우리 아이 친구는 거기 다닌대."
정보가 쏟아질수록, 부모의 마음은 더 쉽게 흔들립니다.

하지만 진짜 기준은 언제나 단 하나입니다.
남의 말이 아니라, 우리 자녀가 행복할 수 있는가.
화려한 홍보보다 중요한 것은 교사의 눈빛,
잘 꾸며진 안내 책자보다 더 소중한 것은 아이의 웃음입니다.

교사가 아이의 말을 끝까지 들어주는 곳,
눈높이에서 세상을 바라보는 곳.
그곳이 바로 좋은 원입니다.
겉모습이 아무리 반짝여도
교사의 마음이 닫혀 있다면,

그곳은 세계를 넓히는 공간이 아니라
마음을 좁히는 울타리가 됩니다.
새 건물, 최신 교구, 유명한 프로그램보다
함께 보내는 사람의 온기가 훨씬 더 중요합니다.

아이에게는 시스템보다 시선이,
환경보다 관계가 더 깊은 흔적을 남깁니다.
정보가 넘칠수록 부모는 본질로 돌아가야 합니다.

남의 후기에 기대기보다, 직접 느껴지는 공기와 표정을 살펴야 합니다.
방문하는 순간, 자녀의 얼굴이 밝게 피어나는지,
아니면 조용히 움츠러드는지—
그 표정이야말로 부모에게 가장 솔직한 답이 됩니다.

AI 시대일수록 부모의 눈은 더 따뜻해야 합니다.
기계가 데이터를 통해 세상을 판단할 때,
부모는 마음으로 아이의 세상을 읽어 주는 사람이 되어야 합니다.

하루를 결정짓는 것은 정보가 아니라,
사랑이 담긴 직관의 시선입니다.
수많은 정보 속에서도
가장 확실한 나침반은 언제나 내 자녀의 얼굴입니다.

표정을 읽을 줄 아는 부모,

그 부모가 바로 AI 시대의 진짜 지혜로운 선택을 하는 사람입니다.

놀이가 품은 학습의 깊이

AI 시대의 교육은 공간의 크기가 아니라 경험의 깊이에서 결정됩니다.
배움은 넓은 교실이나 새로운 교구에서 자라지 않습니다.
창의성은 아이가 스스로 몰입하고 상상하며 세상과 대화하는 순간에 피어납니다.
넓은 교실보다 더 중요한 것은
마음이 자유롭게 열릴 수 있는 놀이의 환경입니다.

자유롭게 손을 움직이고, 실패를 두려워하지 않으며,
생각을 표현할 수 있는 여유가 있는 곳.
그곳이 바로 창의성이 자라는 교실입니다.
블록을 쌓으며 무너뜨리고 다시 세우는 동안,
아이는 구조와 원리를 스스로 탐구합니다.
그림을 그리며 자신만의 이야기를 만들어가는 순간,
아이는 내면의 언어를 배우고 있습니다.
창의성은 가르칠 수 있는 능력이 아니라,
아이가 놀이 속에서 스스로 발견하는 힘입니다.

AI는 정답을 빠르게 찾아주지만,

"다르게 생각하는 법"은 알려주지 못합니다.

다르게 보는 눈, 새롭게 조합하는 상상력,

그건 오직 놀이 속에서만 길러질 수 있습니다.

창의성은 비틀어 보는 즐거움, 시도하는 용기,

그리고 실패를 두려워하지 않는 마음의 자유에서 태어납니다.

부모가 원을 방문할 때, 꼭 눈여겨보아야 할 것은

교실의 크기나 교구의 화려함이 아닙니다.

아이들의 표정입니다.

놀이에 몰입한 눈빛,

함께 웃는 친구의 얼굴,

그 옆에서 조용히 지켜보는 교사의 시선.

이 장면들이 바로 원의 창의성 수준을 보여줍니다.

교실의 크기가 아니라,

놀이가 살아 있는지를 보세요.

놀이가 깊을수록 생각은 자라고,

생각이 자랄수록 세상은 넓어집니다.

한 걸음 한 걸음 속에서

AI가 대신할 수 없는 창의성의 꽃이 피어납니다.

감정이 이끄는 동력

AI는 방대한 정보를 분석하고, 복잡한 문제를 계산할 수 있습니다.
하지만 단 하나, 감정을 느끼는 일은 할 수 없습니다.
진짜 배움은 정보가 아니라 감정의 언어로 이루어집니다.
마음을 이해하고, 감정을 존중하며,
서로의 마음을 느끼는 순간에 비로소 배움이 시작됩니다.

교사는 마음을 읽는 사람입니다.
표정 속에 숨어 있는 감정을 알아차리고,
작은 다툼 속에서도 공감의 언어를 가르치는 사람이 진짜 교사입니다.
"네 마음이 속상했구나."
이 짧은 한마디는 단순한 위로가 아닙니다.
그 말에는 공감, 존중, 기다림, 그리고 사랑의 철학이 담겨 있습니다.

한마디가 AI 시대의 모든 사람다움의 가치를 대신합니다.
감정의 힘은 곧 관계의 힘입니다.
공감받은 아이는 타인의 마음을 이해할 줄 알고,
존중받은 아이는 세상을 따뜻하게 대할 줄 압니다.

이 정서적 성장은 교재나 프로그램이 아니라,
사람과 사람 사이의 관계에서 자라납니다.
그래서 부모가 원을 선택할 때
가장 먼저 봐야 할 것은 정서의 공기입니다.
교실 안에 웃음이 흐르고,
교사의 목소리에 따뜻한 리듬이 있고,
아이들이 서로의 이야기에 귀 기울이는 곳이라면,
그곳이 바로 사람의 배움이 살아 있는 원입니다.

AI 시대의 진짜 경쟁력은 기술이 아닙니다.
감정을 느끼고 표현하며, 공감할 줄 아는 능력입니다.
이 감정의 힘이야말로 평생의 사회성을 결정하고,
아이를 인간답게 성장시키는 토대가 됩니다.

부모는 교실에서 흐르는 정서의 온도를 보아야 합니다.
온기가 따뜻할수록 마음은 단단해집니다.
AI가 아무리 발전해도,
마음을 감싸주는 한 사람의 온기만큼은 결코 대체할 수 없습니다.

전문성이 밝히는 아이의 미래

AI 시대의 선생님은 더 이상 '지식을 전달하는 사람'이 아닙니다.
정보는 이미 기계가 더 빠르고 정확하게 전합니다.
그러나 마음을 지켜 주는 일,
그건 오직 사람만이 할 수 있는 일입니다.
좋은 교사는 한 존재를 온전히 이해하려는 사람입니다.

"놀고 싶지 않아요."라는 말 뒤에 숨어 있는 불안을 읽고,
"밥 먹기 싫어요."라는 말 속의 감정을 알아차립니다.
말로 표현되지 않은 신호를 가장 먼저 느끼는 섬세함,
따뜻한 눈빛이 바로 진짜 힘입니다.

AI는 정답을 알려주지만,
사람은 '생각하는 법'을 가르칩니다.
"왜 그런 생각을 했을까?"
"다른 방법도 있을까?"
이런 질문을 던질 줄 아는 어른 밑에서
아이들은 스스로 사고하고, 주체적으로 자랍니다.

가르침보다 생각하게 하는 힘,
그것이 AI 시대에 가장 필요한 역할입니다.

좋은 선생님은 하루의 리듬을 바꿉니다.
짧은 말 한마디가 자존감을 세우고,
작은 미소 하나가 불안을 녹입니다.
여유로운 말투와 부드러운 시선은
"세상은 괜찮은 곳이야."라는 메시지가 되어 마음에 스며듭니다.
그래서 어른의 행복은 곧 아이의 행복입니다.
선생님이 웃으면 교실이 밝아지고,
마음이 닫히면 공간의 온도도 식어버립니다.

AI 시대의 진짜 교사는
'감정을 다루는 전문가'이자,
'존재로 가르치는 사람'입니다.
기계는 정답을 보여주지만,
사람은 함께 걸으며 정답을 발견하게 돕습니다.
그 걸음 하나하나 속에서
배움은 경험이 되고,
세상을 향한 신뢰로 자라납니다.
AI가 아무리 발전해도,
가르침의 본질은 여전히 사람에게 있습니다.

이해하고, 감정을 읽고, 관계를 세우는 일—
그 모든 것은 인간만이 할 수 있는
가장 아름다운 일입니다.

감성과 이성이 만드는 조화

AI 시대의 교육에서 디지털은 피할 수 없는 흐름입니다.
그러나 기술은 도구일 뿐, 목적이 되어서는 안 됩니다.
기계를 오래 다루는 것보다 중요한 것은
'그 속에서 무엇을 느끼고, 누구와 나누는가'입니다.

디지털은 지적 호기심을 자극하지만
감성은 마음을 성장시킵니다.
이 둘이 만날 때, 비로소 진짜 배움이 완성됩니다.

아이들이 화면을 보며 로봇을 움직이는 것도 좋습니다.
하지만 그보다 더 소중한 것은
로봇을 함께 설계하며 친구와 이야기하는 순간입니다.
"이렇게 하면 더 빨리 갈까?"
"이건 네가 만들어 볼래?"
이 짧은 대화 속에서 협력과 존중,
그리고 공동체의 기쁨이 자랍니다.

디지털은 아이에게 '정보'를 주지만

감성은 아이에게 '관계'를 줍니다.
두 가지가 균형을 이룰 때,
배움은 기술을 넘어서 사람의 깊이로 이어집니다.

화면을 본 뒤 손으로 그림을 그리고
코딩을 배운 뒤 친구와 함께 이야기를 만드는 원.
그곳이 진짜 미래형 교육기관입니다.
AI 시대의 유아교육은 기계로 배우되,
마음으로 성장하는 교육이어야 합니다.

기계는 생각을 확장시키고
감성은 세상을 따뜻하게 만듭니다.
디지털이 방향을 제시할 때
감성은 그 길에 의미를 더합니다.

결국 미래를 준비한다는 것은
기술을 익히는 일이 아니라 사람답게 배우는 법을 익히는 일입니다.
AI가 아무리 발달해도,
세상을 움직이는 것은 여전히 사람의 마음, 관계의 온기입니다.

가정과 기관이 함께 만드는 연대

AI 시대의 배움은 교실에서 끝나지 않습니다.
이제 학습은 시간과 공간을 넘어 가정으로 이어질 때 비로소 완성됩니다.
좋은 원은 아이만 가르치는 곳이 아니라,
부모를 함께 걸어가는 동반자로 여기는 곳입니다.
교실에서의 경험이 집으로 자연스럽게 이어질 수 있도록
하루의 기록과 감정을 세심히 전해주는 원.
그곳이 진짜 미래형 기관입니다.

AI 시대의 부모는 단순한 관찰자가 아니라 참여하는 학습자입니다.
오늘 아이가 어떤 놀이를 했는지,
어떤 말로 마음이 움직였는지를 교사와 공유하며
집에서도 이어갈 수 있을 때,
배움은 한 걸음 더 자라납니다.
이 작은 연결이 사고력과 정서를 동시에 키웁니다.

예를 들어 원에서 씨앗을 심었다면,
집에서는 싹이 트는 과정을 함께 지켜보며 이렇게 말해보세요.
"오늘은 조금 더 자랐네."

"물은 누가 먼저 줄까?"

이 짧은 대화 속에 과학적 사고와 감정의 공감이 함께 피어납니다.

이처럼 교실에서 시작된 배움이 가정에서 이어질 때,

아이는 단절이 아닌 연속된 성장의 흐름 속에서 자랍니다.

AI가 학습의 효율을 높여주는 시대일수록

부모의 역할은 더 커집니다.

기계는 정보를 연결하지만,

부모는 마음을 연결합니다.

원에서의 배움이 지식의 씨앗이라면,

가정은 그 씨앗에 햇빛과 물을 주는 정원입니다.

아이의 하루는 교실에서 끝나지 않습니다.

집으로 이어지는 순간, 시간은 단순한 놀이가 아니라 삶의 배움으로 바뀝니다.

그렇게 쌓인 경험은 아이의 기억 속에 평생 잊히지 않는 따뜻한 추억이 됩니다.

AI 시대의 현명한 부모는 이렇게 묻습니다.

"이 원은 가정과 어떻게 연결되어 있나요?"

이 질문에 성실히 답할 수 있는 곳이라면,

그곳은 이미 배움을 넘어 가족의 성장을 함께 돕는 터전입니다.

가이드 6

교사 10인의 기록: 오늘의 아이, 내일의 교육

"기계는 이름을 부르지만, 교사는 마음을 부릅니다."
김민지, 28세, 유치원 교사, 2년 차

아침 8시 반, 비가 내리던 날이었다.

엄마의 손을 꼭 잡은 한 어린이의 어깨가 조용히 떨리고 있었다.

작은 신발 끝은 교문 앞에서 멈춰 있었고, 눈동자는 바닥을 향해 있었다.

나는 조용히 무릎을 꿇고 그 시선과 눈을 맞췄다.

"괜찮아, 선생님이 기다릴게."

말끝에 스며든 온기가 전해졌는지, 작은 손가락이 미세하게 움직였다.

그날 나는 출석부 대신 '마음부'를 꺼내 들었다.

이름 옆에는 '오늘의 마음'이라는 칸이 있었다.

나는 그 칸에 이렇게 적었다.

'불안하지만 용감함.'

우리 원의 아침은 출석 체크가 아니라 마음 체크로 시작된다.

교문 앞에 선 교사들은 얼굴빛, 걸음, 눈동자 속에서 정서를 읽는다.

울음보다 마음을 먼저 본다는 철학이 있었기에,

그 눈빛들은 점점 달라졌다.

누군가는 "그게 교육이냐."라고 묻지만, 나는 안다.
마음의 기록이 쌓여야 비로소 진짜 교육이 된다는 것을.

 부모에게 전하고 싶은 말

"아침 등원길, 교사가 마음을 먼저 챙기는 원을 선택하세요.
짧은 순간이 하루를 바꾸고, 그 하루가 인생의 출발점을 만듭니다."

> "AI는 정보를 관리하지만, 존중은 관계에서 자랍니다."
> 박진희, 35세, 보육 교사, 7년 차

아이 둘이 장난감을 두고 다투었다.
나는 즉시 상황을 정리해 원장님께 보고드렸다.
그런데 원장님은 나를 꾸짖지 않으셨다.
"그 상황에서 선생님 마음은 어땠어요?"
순간, 울컥했다.
그 말은 내 실수를 따지는 질문이 아니라,
나라는 사람을 먼저 본 시선이었다.
그날 이후, 나는 유아를 대할 때마다 그 말을 떠올린다.
'너는 지금 어떤 마음일까?'
그 한 문장이 내 하루의 중심이 되었다.
우리 원의 회의는 조금 다르다.
"오늘 아이들이 어땠나요?"라는 질문으로 시작한다.
실수를 지적하기보다,
하루 동안의 마음과 생각을 함께 나눈다.
대화 속에서 우리는 서로를 탓하지 않고,
함께 성장한다.
교사들이 웃으며 회의하는 원,
그 따뜻한 공기는 그대로 유아들에게 전해진다.

부모에게 전하고 싶은 말

"교사를 탓하지 않고, 함께 성장하는 문화를 가진 원-
그곳은 아이뿐 아니라 어른도 배우는, 진짜 교육의 공간입니다."

"AI는 패턴을 보지만, 교사는 변화의 떨림을 봅니다."
이서연, 24세, 신입 보육 교사

입사 첫해, 말이 거의 없던 '유리'라는 아이가 있었다.

나는 처음엔 변화시키려 애썼지만, 곧 방향을 바꿨다.

그저 곁에 있어 주기로 한 것이다.

아무 말 없이 블록을 쌓고, 그 위에 또 하나의 블록을 올리며 기다렸다.

열흘째 되는 날, 아이가 내 손 위에 블록 하나를 올렸다.

그리고 아주 작게 말했다.

"이건 선생님 거예요."

그 한마디에 눈물이 났다.

유리는 그날 이후 조금씩 눈을 마주치기 시작했다.

우리 원에는 '빨리 적응시키는 것'이라는 목표가 없었다.

기다림 자체가 교육의 한 과정이었다.

스스로 문을 열 때까지 옆에서 함께 걸어주는 것,

그것이 우리가 믿는 교육이었다.

 부모에게 전하고 싶은 말

"적응이 빠르다는 건 효율이지 배려가 아닙니다.
속도를 기다려 주는 교사가 있는 곳, 그곳이 좋은 원입니다."

"웃음이 곧 정서의 온도입니다."

최하나, 42세, 보육 교사, 15년 차

"선생님, 오늘은 왜 안 웃어요?"
한 아이의 질문이 마음을 울렸다.
내가 잃어버린 웃음을 나보다 먼저 알아차린 것이다.
개인적인 일로 마음이 무거웠던 날,
나는 표정 속 피로를 숨기지 못했다.
그날 이후, 우리 기관은 선생님들을 위한 '감정 회복 프로그램'을 만들었다.
주 1회, 서로의 마음을 나누는 시간.
울기도 하고, 웃기도 하며,
그 시간을 지나 다시 교실로 돌아간다.
현장은 늘 아이를 중심에 두지만,
지탱하는 것은 결국 어른의 마음이다.
감정이 고요할 때 교실의 공기도 잔잔하고,
마음이 지치면 온기가 줄어든다.
선생님의 웃음 하나가 하루의 분위기를 결정짓는다.
아이들은 그 표정을 통해 세상을 배운다.
웃음은 "세상은 안전하다."라는 신호이고,
따뜻한 얼굴빛은 "나는 사랑받고 있다."라는 확신이 된다.
행복은 결국 웃는 어른으로부터 시작된다.

그리고 그 웃음을 서로가 지켜 줄 때 비로소 오래간다.

 부모에게 전하고 싶은 말

"선생님의 웃음을 지켜 주는 환경, 그분들의 마음을 돌보는 시스템이 있는 곳,
그곳이 진짜 좋은 원입니다."

"이야기를 남겨 줍니다."

정민지, 33세, 유치원 교사, 8년 차

나는 매일 손으로 '아이의 하루 일기'를 쓴다.
'오늘은 지호가 친구에게 먼저 사과했다.'
그 한 줄이 부모의 하루를 따뜻하게 만든다.
어느 날, 한 어머니가 울먹이며 말했다.
"선생님, 이 일지를 읽고 우리 지호가 얼마나 자랐는지 느꼈어요."
그 말 한마디에 하루의 피로가 눈 녹듯 사라졌다.
우리 원에서는 보고서가 아닌 이야기로 아이를 남긴다.
글씨에 묻은 정성과 진심은 종이 위에서 살아 숨 쉰다.
그 이야기를 읽는 부모의 마음은 믿음으로 다져진다.

 부모에게 전하고 싶은 말

"사진보다 문장이 살아 있는 원.
교사의 시선과 마음이 담긴 일지를 직접 볼 수 있는 곳을 선택하세요."

"경험에서 배우는 온기를 존중하는 원."

조영민, 51세, 보육 교사, 25년 차

한 신입 교사가 울었다.

아이들이 말을 듣지 않았기 때문이다.

나는 조용히 다가가 어깨를 두드리며 말했다.

"괜찮아요, 오늘은 선생님이 배우는 날이에요."

우리 원에는 세대가 함께 일하는 문화가 있다.

경험 많은 교사가 새내기 교사를 품고,

수업을 함께 관찰하며 서로 배운다.

이 따뜻한 배움의 흐름이 고스란히 이어진다.

교사끼리 배우는 문화가 있는 곳,

그곳의 아이들은 서로를 돕는 법을 자연스럽게 배운다.

 부모에게 전하고 싶은 말

"오래 근무한 교사가 많은 곳.
세대가 함께 일하는 곳에는 '아이를 오래 본 눈'이 있습니다."

"기다려 주는 교사가 있는 원이 진짜 좋은 원입니다."

한수진, 26세, 유치원 교사, 3년 차

입학 후 한 달 내내 말을 하지 않던 서윤이.

나는 단 한 번도 말을 강요하지 않았다.

대신 작은 인형을 함께 돌보며 매일 옆자리에 앉았다.

한참 후, 아이가 인형을 내밀며 말했다.

"이건 선생님이에요. 기다려 주는 사람."

이 한마디가 내 인생의 교육 철학이 되었다.

우리 원은 침묵을 불안하게 보지 않는다.

조용한 아이의 속도에 맞춰 걸어가며,

마음이 열릴 때까지 기다린다.

 부모에게 전하고 싶은 말

"말이 늦어도, 웃음이 늦어도 괜찮습니다.
침묵 속의 마음을 읽을 줄 아는 교사가 있는 곳이 진짜 좋은 원입니다."

"AI는 데이터를 쌓고, 교사는 문화를 쌓습니다."

오윤미, 45세, 보육 교사, 18년 차

우리 원의 회의는 조금 특별하다.

매일 한 명씩 '오늘의 좋은 수업'을 소개한다.

"민지 선생님, 오늘 동화 읽는 목소리가 정말 따뜻했어요."

한마디에 모두가 웃는다.

교사들이 서로를 칭찬하는 문화가 자리 잡으면,

아이들도 자연스럽게 친구를 칭찬하기 시작한다.

어른들의 말투와 태도가 아이의 인성이 된다.

웃음과 인정의 문화가 곧 교육의 본질이었다.

 부모에게 전하고 싶은 말

"교사들 사이에 칭찬과 존중이 흐르는 곳,
따뜻한 유치원이 아이의 성품으로 이어집니다."

"그림 속에도 마음이 있습니다."
심예원, 31세, 유치원 교사, 6년 차

비 오는 날, 아이들이 자유롭게 그림을 그리고 있었다.

한 아이가 파란색 물감으로 종이를 가득 채운 뒤 말했다.

"이건 빗방울이에요. 울고 있는 건 아니에요."

그 말이 내 마음을 울렸다.

우리 원에서는 '잘 그렸다.'라는 말 대신

"어떤 마음으로 그렸을까?"라고 묻는다.

그림은 감정의 언어이고, 교사는 그 언어를 해석하는 사람이다.

그날 이후 나는 알게 되었다.

그림에는 그날의 마음이 그대로 녹아 있다.

기쁨과 불안, 외로움과 용기.

그 모든 것이 색으로 피어난다.

 부모에게 전하고 싶은 말

"아이의 그림을 점수로 보지 마세요.
그림 속에는 말보다 진실한 감정이 숨어 있습니다."

"소통은 시스템이 아니라 눈빛으로 완성됩니다."
배지우, 29세, 보육 교사, 5년 차

퇴근 시간, 나는 늘 부모에게 이렇게 말한다.

"오늘 도현이가 친구에게 먼저 '미안해요.'라고 했어요."

짧은 한마디에 부모의 얼굴이 환해진다.

우리 원은 앱보다 사람의 대화를 중요하게 여긴다.

짧은 시간이라도 교사와 부모가 서로 눈을 마주치며 나누는 대화.

몇 초의 시선이 신뢰를 만든다.

소통은 기술이 아니다.

목소리, 눈빛의 진심이 모여 신뢰가 된다.

진심이 있을 때, 하루는 더 단단해진다.

 부모에게 전하고 싶은 말

"아이의 이야기가 사람의 목소리로 오가는 원,
대화가 살아 있는 곳을 선택하세요.
대화는 마음을 지켜 주는 가장 따뜻한 울타리입니다."

PART 7

부모의 선택을 완성하는 마지막 점검

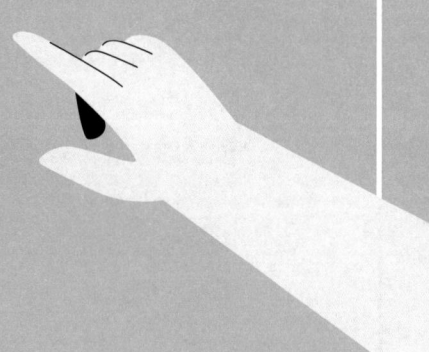

"이제 정말, 우리 자녀에게 맞는 첫 학교를 선택할 때입니다."

유치원·어린이집 선택의 마지막 단계는
단순한 비교표 위에서 결정되지 않습니다.
그 시작점은 언제나 부모 자신의 마음 점검에서 비롯됩니다.

마음이 불안하면 판단은 쉽게 흔들리고,
남의 기준과 정보에 휩쓸리게 됩니다.
하지만 마음이 평안한 부모는
세상의 수많은 소음 속에서도
자신만의 기준을 단단히 지켜냅니다.

결국 진짜 기준은 교육과정도, 후기의 별점도 아닙니다.
그것은 **우리 아이의 눈빛과 부모의 철학**입니다.

화려한 시설보다 더 중요한 것은
원이 품고 있는 교육의 온도,
교사가 아이를 대하는 시선의 깊이,
그리고 원장이 어린 존재를 어떤 마음으로 바라보는가입니다.
그 시선이 따뜻한 곳,
그 마음이 진심인 곳.
그곳이 바로 우리 자녀에게 가장 맞는 첫 학교입니다.

다시 마음을 다잡는 시간

"좋은 선택은 평안한 마음에서 시작된다."

유치원·어린이집 선택의 첫걸음은
프로그램이 아니라 부모 자신의 마음 점검입니다.
불안한 부모는 정보에 흔들립니다.
남의 경험담, 온라인 후기, SNS 영상이
자신의 확신보다 커져 버립니다.
"저 원이 좋대요."
"여기가 더 유명하대요."
이런 말들이 쌓이면 어느새 마음은 피로해집니다.
하지만 평안한 부모는 이렇게 묻습니다.
"우리 아이에게는 어떤 생활이 필요할까?"

스스로에게 물어보세요.
- 나는 남의 선택보다 우리 아이의 행복을 우선하고 있는가?
- 불안 때문에 성급히 결정하고 있지는 않은가?
- 아이의 성향과 기질을 충분히 이해했는가?
- 선택의 기준이 나의 철학인가, 남의 기준인가?

부모의 마음이 평안해야 안정됩니다.
부모의 중심이 흔들리지 않으면
확신이 희망의 울타리가 됩니다.
한 어머니의 말처럼요.
"결국 좋은 원보다 중요한 건
내 마음이 흔들리지 않는 거였어요."

표정이 답을 말해준다

"표정이 곧 답입니다."

아이의 하루는 말보다 눈빛이 먼저 말해줍니다.
그러나 많은 부모는 여전히 자신의 편의와 조건으로 판단하곤 합니다.
AI 시대의 교육은 기술보다 시선의 전환에서 시작됩니다.
AI는 데이터를 읽지만,
감정과 마음의 떨림을 읽을 수 있는 존재는 오직 부모와 교사뿐입니다.

"우리 아이는 어떤 공간에서 가장 편안했을까?"
"이곳에서 마음이 열렸을까?"
원을 함께 둘러보실 때, 아이의 표정을 유심히 살펴보세요.
걸음이 가벼워지고,
눈빛이 반짝이며,
자연스레 손이 교사 쪽으로 향하는 곳.
그곳이 바로 아이의 마음이 머무는 공간입니다.

다섯 살 연우의 이야기입니다.
엄마와 함께 세 곳의 어린이집을 둘러봤지만,

앞의 두 곳에서는 낯을 가리며 엄마 뒤에 숨었습니다.
그런데 마지막 한 곳에서 교사가 다정하게 "안녕?" 하고 인사하자,
연우는 작은 손을 흔들며 환하게 웃었습니다.

그 순간 엄마는 알게 되었습니다.
그 미소가, 말보다 먼저 답을 건네고 있었다는 것을.
아이의 웃음은 설명이 필요 없는 언어입니다.
아이의 시선이 머무는 곳에는 이미 마음의 방향이 있습니다.

그래서 부모가 진짜로 보셔야 할 것은
시설의 크기가 아니라,
그 안에서 아이의 눈이 어떻게 빛나는가입니다.
부모가 아이의 눈으로 세상을 바라보는 순간,
비로소 참된 교육의 기준이 드러납니다.
그 기준은 화려함이 아니라,
아이의 마음이 편안히 놓일 수 있는 공간입니다.

아이를 바라보는 시각

"함께 자라야 할 존재입니다."

유치원이나 어린이집을 선택할 때,
부모가 가장 먼저 던져야 할 질문은 단 하나입니다.
"원장님, 아이를 어떤 존재로 보시나요?"
이 한 문장이 그 원의 교육 중심과 철학의 깊이를 보여줍니다.

어떤 원은 아이를 '관리해야 할 대상'으로 봅니다.
시간표대로 움직이고, 정해진 틀 안에서 통제하며,
교사는 일과를 지켜야 하고, 아이는 지시를 따라야 합니다.
규칙은 완벽하지만, 웃음은 적습니다.
질서는 있지만, 마음은 메말라 있습니다.
그곳의 하루는 정확하지만, 따뜻하지 않습니다.

반면 어떤 원은 아이를 '함께 자라야 할 존재'로 봅니다.
실수했을 때 화를 내지 않고,
"괜찮아, 그럴 수도 있지."라고 말해줍니다.
조용히 혼자 있는 아이에게 다가가

"지금은 말하지 않아도 괜찮아. 네가 준비되면 이야기하자."라고 기다려 줍니다.
그곳의 교사는 아이를 가르치는 사람이 아니라,
아이의 마음을 지켜 주는 사람입니다.
그 하루는 느리지만,
아이들은 그 속에서 자신을 배우고, 사람을 배웁니다.

이 두 시선의 차이는 단순한 교육 방식의 차이가 아닙니다.
삶을 대하는 태도의 차이이며,
아침에 집을 나설 때의 마음가짐과
집으로 돌아올 때의 아이 표정을 완전히 바꿉니다.
'관리의 시선' 속에서 자란 아이는
지시를 잘 따르지만, 스스로 선택하기 어려워집니다.
'함께 자라는 시선' 속에서 자란 아이는
조금 느리더라도 자신의 생각을 말할 줄 알고,
다른 사람의 마음을 읽을 줄 아는 존재로 자라납니다.

마음의 중심이 분명한 원은
아이의 하루뿐 아니라, 부모의 시선까지 바꿉니다.
교사의 말 한마디가 다르고,
부모 상담의 분위기 또한 다릅니다.
그들은 아이의 '성취'보다 '행복'을 먼저 이야기하고,

문제를 지적하기보다 가능성을 함께 찾아갑니다.

왜냐하면, 그들은 아이를 평가의 대상이 아니라

하루를 함께 살아가는 존재로 보기 때문입니다.

결국, 좋은 원은 건물이나 프로그램으로 구분되지 않습니다.

"아이를 어떤 존재로 바라보는가."

그 질문 하나로 이미 답이 나옵니다.

부모님께서 이 질문을 던지실 수 있다면,

그 순간부터 진짜 선택이 시작됩니다.

공간을 점검하며 환경을 읽다

"교실, 복도, 놀이터, 화장실,
이 모든 작은 공간들이 모여 하루를 만듭니다.
부모가 살펴야 할 것은 단순한 인테리어나 교구의 수가 아닙니다.
공간 안에 흐르는 공기의 온도, 사람의 시선, 빛의 결입니다."

놀이터의 흙이 너무 딱딱하지는 않은가요?
작은 발로 뛰어다닐 때 흙이 푹신하게 느껴질까요?
창문은 햇살을 부드럽게 받아들이고 있나요?
아침 햇살이 얼굴에 닿을 때, 빛이 따뜻하게 머물 수 있는 공간인가요?
교구가 얼마나 많은지보다, 아이가 자유롭게 움직일 여유가 있는지 살펴보세요.
정리된 교실보다 자유로운 숨결이 흐르는 교실,
규칙적인 시간표보다 자연스러운 웃음이 흐르는 공간이 더 중요합니다.
발걸음 소리가 포근히 메아리치고,
교실 한쪽에서 아이들이 서로 기대어 그림을 그리고 있다면
그곳은 이미 좋은 교실입니다.

비상 대처 체계가 명확히 안내되어 있는지도 중요합니다.

안전이 지켜져야 마음이 열리고, 마음이 열려야 배움이 시작됩니다.

또한 교육과정의 균형을 살펴보세요.
놀이 중심인지, 활동과 휴식이 자연스럽게 이어지는지,
무엇보다 흥미와 의견이 존중되고 있는지를요.
한 아버지는 이렇게 말했습니다.
"프로그램은 화려했지만, 아이는 늘 피곤해했습니다.
놀이 중심으로 바꾸자 표정이 달라졌습니다."
그 한마디 속에는 진실이 담겨 있습니다.

환경은 단순한 시설이 아니라,
감성과 창의성을 키우는 보이지 않는 교실입니다.
공간이 차갑지 않고, 서두르지 않으며,
작은 숨결 하나에도 따뜻한 온기를 품고 있다면
그곳은 이미 '배움의 장소'를 넘어
마음이 자라는 '두 번째 집'이 됩니다.

소통의 방식이 만드는 신뢰

"대화는 아이를 지켜 주는 보이지 않는 울타리다."

가정과 원의 관계는 단순한 정보 전달이 아니라,
성장을 함께 빚어가는 동행의 과정입니다.
입학 상담을 위해 원을 방문했을 때
가장 먼저 살펴야 할 것은 **말보다 먼저 전해지는 태도**입니다.
문을 열고 들어왔을 때 교직원이 미소로 먼저 인사하는가,
아이에게 눈높이로 다정하게 말을 거는가,
그 순간 이 원의 분위기를 읽을 수 있습니다.
상담 중에는 교사나 원장이 이야기를 끊지 않고 끝까지 들어주는지,
눈을 마주치며 경청하는지, 필요할 때 메모를 하거나 공감의 표현을 하는
지를 살펴보세요.

경청은 말보다 깊은 대화의 언어이기 때문입니다.
또한 하루 일과나 교사 교체, 아이의 생활 기록 등을 명확히 설명하는가,
혹은 "그건 내부 사정이라 말씀드리기 어렵습니다."
같은 차단형 대화가 없는지도 중요합니다.

대화의 투명성은 믿음의 시작이 됩니다.

하루가 어떤 방식으로 가정에 전달되는지도 살펴야 합니다.
앱 알림장이나 사진, 주간 보고 등으로
생활이 구체적으로 공유되는가,
의견이 다음 날 바로 반영되거나 회신이 오는가,
이런 세부적인 면에서 원의 소통 문화가 드러납니다.
갈등이 생겼을 때 누가 먼저 연락하는지도 중요합니다.
교사가 방어적인 태도 대신
"그 부분은 저희가 더 살펴보겠습니다."라고 말할 수 있는 곳이라면,
그 원은 마음을 먼저 생각하는 곳입니다.

또한 개인 정보 보호 원칙을 명확히 안내하고,
사진이나 영상을 게시할 때 가정의 동의를 전제로 하는지도 살펴보세요.
믿음은 보호의 약속 위에 세워집니다.
마지막으로,
"덕분에 아이가 많이 성장했어요."
"집에서도 이런 점을 함께 해주시면 좋겠어요."
이런 따뜻한 언어가 자주 들리는지를 귀 기울여보세요.
이런 말이 자연스럽게 오가는 곳은
교사와 보호자가 아이의 행복을 같은 방향으로 바라보고 있는 곳입니다.

비교보다 본질을 보는 시선

"후기보다 현실을 보십시오."

요즘 많은 가정은 블로그, 맘카페, SNS의 후기를 통해
수많은 정보를 얻습니다.
하지만 정보는 '참고용'일 뿐, '기준'이 되어서는 안 됩니다.
후기에는 언제나 글쓴이의 성향과 환경, 그리고 기대가 반영되어 있기 때문입니다.
한 사람의 경험이 모든 아이에게 똑같이 적용될 수는 없습니다.
누군가에게는 완벽했던 원이,
다른 아이에게는 오히려 불편할 수 있습니다.

"좋대요."라는 말보다
"직접 봤어요."라는 경험이 훨씬 더 신뢰를 줍니다.
가능하시다면 실제로 원을 다니는 가정에 물어보세요.
"아이 표정이 어때요?"
"교사분들이 아이에게 어떤 눈빛을 보내시나요?"
이 두 가지 질문만으로도
그 원의 분위기와 철학을 충분히 짐작할 수 있습니다.

그리고 반드시 직접 방문해 보시길 권합니다.
복도의 활달함, 교실 안에서 들려오는 아이들의 웃음소리,
교사의 말투, 원장 선생님의 따뜻한 인사—
이 작은 요소들이 모여 하루의 진짜 풍경을 만듭니다.
한 어머니는 이렇게 말했습니다.

"후기를 수십 개 읽은 것보다, 제가 직접 경험한 10분이 더 정확했어요."
AI 시대의 현명한 선택은
정보를 많이 모으는 데 있지 않습니다.
정보 속에서 본질을 읽어내는 시선이 필요합니다.
눈으로만 판단하지 않고,
마음으로 느끼는 이가
결국 가장 정확한 결정을 내립니다.

마지막 질문이 주는 확신

"답은 늘 단순하다."

결정을 앞둔 부모가 던져야 할 질문은 화려하진 않지만, 깊습니다.
"우리 아이가 이곳에서 웃으며 하루를 보낼 수 있을까?"
"교사와 원장을 진심으로 신뢰할 수 있을까?"
"부모인 내가 이 선택에 평안을 느끼는가?"
이 질문들 앞에서 마음이 흔들린다면, 아직 준비되지 않은 것입니다.

완벽한 원은 세상에 없습니다.
하지만 우리 아이에게 꼭 맞는 원은 분명히 존재합니다.

그 기준은 **남의 평가나 입소문이 아니라,**
웃음, 눈빛, 그리고 부모의 확신입니다.

한 어머니는 이렇게 고백했습니다.
"결국 아이가 웃는 곳이 정답이더라고요."
짧은 한 문장이 모든 진실을 담고 있습니다.

웃음은 결과가 아니라, 올바른 선택의 증거입니다.

가정의 리듬이 곧 아이의 교육이다

"가정의 리듬이 곧 교육의 리듬이다."

일상만큼 중요한 것은 가족의 생활 리듬입니다.
운영 시간이 맞지 않아 늘 서두르거나,
퇴근하자마자 급히 데리러 가야 하는 날이 반복되면
그 긴장감은 고스란히 아이에게 전해집니다.

하원 시간이 집의 일상과 자연스럽게 이어지는가?
연장 보육이나 방학 돌봄이 현실적으로 가능한가?
늦은 시간까지 아이가 원에 남게 될 때에도
안전과 정서가 충분히 보호받고 있는가?
이 질문들은 단순한 편의의 문제가 아니라,
가정의 여유를 결정짓는 중요한 기준입니다.
여유로운 걸음은 웃음을 지킵니다.
속도는 어른의 발걸음을 따라 뛰지 않습니다.

가족이 서두르지 않을 때,
그 여유가 마음에도 고스란히 스며듭니다.

가정의 리듬이 부드럽게 흐를 때,
그 박자는 곧 아이 성장의 호흡이 됩니다.

서두르지 않는 하루, 조급하지 않은 저녁.
그 리듬 속에서 아이는 비로소 안정을 배우고,
세상을 향한 첫걸음을 단단히 내딛게 됩니다.

교사의 지속성과 전문성

"좋은 원은 사람이 오래 머무는 곳이다."

건물보다 중요한 것은 그 공간을 채우는 사람의 마음입니다.
아무리 시설이 훌륭해도, 선생님이 자주 바뀌는 곳이라면
그 안의 공기는 금세 불안해집니다.
유아에게 선생님은 단순한 '교육자'가 아닙니다.
매일 눈을 마주치고, 다정히 이름을 불러 주는 사람,
하루의 대부분을 함께 보내는 정서의 울타리입니다.

그 울타리가 자꾸 바뀌면,
아이는 다시 마음의 문을 닫고 스스로를 지킵니다.
교직의 안정성은 곧 기관의 철학입니다.
한 사람이 오래 머문다는 것은
그만큼 존중받고 있다는 증거입니다.
좋은 원장은 구성원을 '관리'하지 않습니다.
그들의 하루를 이해하고, 마음을 먼저 돌봅니다.

힘든 날엔 이야기를 들어주고

성장을 돕는 연수를 함께하며,
작은 성취에도 진심으로 박수를 보냅니다.
그런 곳에서는 공기가 다릅니다.
현장의 어른들이 웃는 곳,
그 미소가 아이의 표정으로 이어지는 곳,
바로 신뢰를 배우는 공간입니다.

부모님, 상담할 때 이렇게 물어보세요.
"이곳의 선생님들은 오래 계시나요?"
"서로 잘 협력하시나요?"
그 대답 속에서 원의 진심이 드러납니다.

선생님이 행복한 곳에서 아이도 행복합니다.
따뜻한 마음이 따뜻한 교실을 만들고,
그 교실에서 자란 아이는 세상을 믿는 법을 배웁니다.
결국 좋은 원의 철학은 사람의 얼굴에 담겨 있습니다.
그 얼굴이 편안하고, 오래 머물고 싶은 표정이라면—
그곳이 바로 신뢰가 자라는 공간입니다.

공동체가 품성을 키운다

"교육은 맡기는 일이 아니라, 함께 만들어가는 일입니다."

좋은 유치원과 어린이집은 누군가 혼자 끌어가는 곳이 아닙니다.
가정과 현장이 함께 숨 쉬는 곳,
서로의 마음이 이어지는 공간입니다.
참여가 열려 있고 대화가 오가는 곳에는
언제나 따뜻한 온기가 흐릅니다.
'보낸다'라는 말보다
'함께 다닌다'라는 말이 더 어울리는 곳.
그곳이 바로 공동체의 품이 있는 원입니다.

한 원에서는 '가족과 함께하는 그림책 밤'을 열었습니다.
아이들은 보호자의 무릎 위에서 책을 읽었고,
선생님은 그 모습을 조용히 지켜보았습니다.
짧은 시간이었지만, 그날의 공기는 달랐습니다.
책을 읽는 목소리마다 사랑이 묻어났고,
현장의 어른과 가정의 시선이 같은 방향을 향했습니다.

그날 이후, 두 사람은
'보내는 이'와 '돌보는 이'가 아니라
하나의 마음으로 성장의 길을 걷는 동반자가 되었습니다.
좋은 공동체란 서로의 부족함을 탓하지 않는 곳입니다.
선생님은 가정의 불안을 이해하고,
가정은 선생님의 노력을 신뢰합니다.
불안이 아닌 믿음으로,
의심이 아닌 대화로 이어질 때
그 안에서 아이는 사람을 믿는 법을 배웁니다.

공동체의 품은 곧 인성의 밭이 됩니다.
따뜻한 관계 안에서 자란 아이는
타인을 존중하고, 마음을 나눌 줄 압니다.
이것이야말로 AI 시대에 가장 필요한 감성의 힘입니다.

좋은 원을 고르실 때 이렇게 물어보세요.
"이곳은 가정과 교사가 함께 자라는 문화가 있나요?"
행사를 위한 소통이 아니라,
사람의 성장을 함께 나누는 문화가 있는가—
그 답이 바로 그 원의 교육 온도를 말해줍니다.
교육은 한 아이만 성장시키지 않습니다.
그 곁의 어른과 현장 전체, 나아가 공동체 전체를 함께 자라게 합니다.

결국 한 생명을 키운다는 것은

사람과 사람이 서로를 따뜻하게 키워 주는 일입니다.

안전 체계가 주는 평화

"모든 배움의 첫걸음은 안전 위에 세워집니다."

아무리 기술이 발전해도, 유아를 지키는 일은 여전히 사람의 손과 마음에서 시작됩니다.
안전이 보장되어야 배움이 시작되고,
안심이 있어야 웃음이 자랍니다.

유치원과 어린이집을 선택할 때
부모가 가장 먼저 살펴야 할 것도 결국 '안전'입니다.
비상벨은 작동하는가,
화재나 지진 대피 훈련은 정기적으로 이루어지고 있는가,
교사들은 응급 처치와 심폐 소생술 자격을 갖추고 있는가.
이런 질문들은 단순한 절차 점검이 아니라 신뢰를 묻는 대화입니다.

복도 한쪽에 붙은 '대피 동선 안내도',
유아의 눈높이에 맞춰 비치된 소화기,
놀이터의 매트 하나, 교실 문턱의 고무패드 하나까지—
작은 준비들이 모여 '보이지 않는 평화'를 만듭니다.

어느 원장의 말이 기억에 오래 남았습니다.
"우리는 교육보다 먼저 안전을 가르칩니다.
불안하지 않아야 세상도 배울 수 있으니까요."
그 말처럼, 안전은 프로그램보다 앞서야 하고
모든 시스템의 바탕이 되어야 합니다.

교사 한 사람의 주의 깊은 눈,
관리자의 꼼꼼한 점검,
부모의 신뢰가 함께 어우러질 때,
비로소 유아는 '안전한 하루' 속에서 세상을 배웁니다.
안전이 지켜질 때 마음은 열리고,
그 마음 위에서 배움이 자라납니다.
안전은 우리의 다음 세대를 감싸주는
가장 단단한 울타리이자,
가장 확실한 사랑의 형태입니다.

가이드 7

실패한 상담: 함께 배운 시간

유치원이나 어린이집을 고를 때,
많은 이들은 가장 먼저 '사람'을 봅니다.
종일 함께할 공간이라면,
건물보다 먼저 사람의 온기를 느끼고 싶기 때문입니다.
그래서 상담실 문을 열 때마다
마음에는 작은 설렘과 기대가 함께합니다.

하지만 그 기대가 때로는 실망으로 바뀌기도 합니다.
"상담을 받으면서 왠지 마음이 불편했어요."
"설명은 길었지만, 제 이야기를 들어주는 느낌이 없었어요."
"프로그램 이야기는 많았지만 정작 우리 이야기는 없었어요."
많은 보호자들이 이렇게 말했습니다.
상담은 형식적으로 진행되었고, 대화는 일방적이었습니다.
질문을 해도 대답은 짧고 건조했으며,
아이의 이름보다 프로그램 이름이 더 자주 들렸습니다.

무엇보다, 어린이를 바라보는 따뜻한 눈빛이 없었습니다.
그 순간 이미 마음속에서 결정을 내립니다.

"이곳은 우리와 맞지 않아."
그것은 설명의 부족이 아니라 진심의 부재,
정보의 문제가 아니라 공감의 부재 때문입니다.
저 역시 원장님과의 상담 자리에서 비슷한 실망을 느낀 적이 있습니다.
말은 많았지만, 마음은 닿지 않았고,
웃음은 있었지만 따뜻함은 없었습니다.
그날 상담실을 나서며 생각했습니다.
"아, 이곳은 내 자녀를 맡길 수 있는 공간이 아니구나."
그 한 번의 상담으로 등록을 하지 않았습니다.

그리고 깨달았습니다.
좋은 원은 큰 건물이나 화려한 시설이 아니라 사람이며,
긴 설명이 아니라 마음이라는 사실을요.

아이를 진심으로 바라봐 주는 한 사람의 시선, 따뜻한 한마디가
결국 선택을 바꾸는 결정적인 힘이 됩니다.

다음에 소개될 열 분의 어머니들이 전해준 '실패한 상담'의 기록 속에는
불편함보다 더 큰 배움이 숨어 있습니다.
그 순간의 경험이 우리 모두에게 공감의 출발점이 되어주길 바랍니다.

"아이보다 시설 자랑이 먼저였어요."

김지은, 34세, 다윤 엄마

처음부터 분위기의 결이 달랐다.

상담실에 들어서자마자 원장님은 인사보다 시설 설명부터 시작했다.

"저희 원은 CCTV가 전 교실에 설치되어 있고요, 놀이터는 천연 잔디입니다. 작년에 리모델링도 마쳤어요."

나는 잠시 미소를 지었지만, 마음속엔 묵직한 질문이 떠올랐다.

'그래서, 우리 다윤이는 이곳에서 어떤 하루를 보내게 될까?'

조심스레 물었다.

"적응 기간은 어떻게 운영하시나요?"

그러자 돌아온 대답은 너무 짧았다.

"다 잘 적응해요."

낯가림이 심한 다윤이를 위해 조금 더 배려를 부탁했지만,

"요즘 친구들은 금방 익숙해져요."라는 말이 내 말을 덮었다.

그 순간, 마음 한켠이 싸늘해졌다.

이곳은 유아의 마음이 아닌, '시설 중심'으로 사고하는 공간이었다.

벽지의 색과 교구의 브랜드는 중요했지만,

아이의 감정과 하루의 결은 중요하지 않았다.

돌아오는 차 안에서 다윤이가 말했다.

"엄마, 그 원은 너무 조용해요. 이상해요."

그 한마디가 내 결정이 되었다.
나는 다윤이의 '감정'을 믿기로 했다.
어린 마음이 편치 않은 곳에서는
행복한 성장이 자라날 수 없으니까.

"아이 이름조차 제대로 불러 주지 않았어요."
박선영, 37세, 시우 엄마

예약한 시간에 맞춰 상담실에 들어갔다.
하지만 원장님은 이름을 여러 번 헷갈려 했다.
"민우 어머님이시죠?"
"아니요, 시우예요."
잠시 뒤 또 물으셨다.
"그… 시윤이였죠?"
그때 마음이 덜컥 내려앉았다.
상담 명단조차 제대로 확인하지 않는 곳에,
과연 우리 아이를 어떻게 믿고 맡길 수 있을까.
상담 내내 이름은 틀렸고, 관심은 보이지 않았다.
대신 "등록 마감이 임박했어요."라는 말만 반복됐다.
순간, 이곳이 아이를 만나는 곳이 아니라
부모를 설득하는 '영업 공간'처럼 느껴졌다.
상담이 끝나자 시우가 조용히 물었다.
"엄마, 선생님은 내 이름 몰라?"
그 말에 가슴이 저렸다.
이름을 불러 주는 건 단순한 호칭이 아니다.
그건 존재를 인정받는 첫 언어다.

이곳에서는 아이의 이름도, 마음도 존중받지 못할 것 같았다.

"원장님의 말에서 따뜻함이 느껴지지 않았어요."
이소연, 33세, 윤하 엄마

"교사분들이 오래 근무하시나요?"라고 물었다.

원장님은 잠시 웃으며 말했다.

"요즘 선생님들 많이 힘들어하세요. 금방 지치기도 하고요."

그 말이 사실일지라도, 함께 걱정하기보다는

'거리 두기'처럼 들렸다.

순간 깨달았다.

좋은 원은 교사를 평가하기보다,

함께 성장하려는 원이라는 것을.

교사를 믿지 않는 분위기에서는

부모의 마음도 쉽게 불안해진다.

아이를 따뜻하게 돌보는 힘은 결국

원장과 교사와의 관계에서 시작된다.

상담이 끝난 뒤 윤하가 창밖을 바라보며 말했다.

"엄마, 저 선생님은 피곤한가 봐요."

아이도 느낀 것이다.

공간 안에 따뜻함보다 긴장이 먼저 흐르고 있다는 것을.

아이들은 어른의 공기를 가장 먼저 읽는다.

"'입학 선물' 이야기부터 시작됐어요."

정혜림, 36세, 현수 엄마

문을 열자마자 원장님은 밝게 말했다.

"지금 등록하시면 가방, 수저통, 준비물 전부 드려요."

배움의 이야기가 아니라, 마치 쇼핑을 온 듯한 느낌이었다.

"이곳의 운영 철학은 어떤가요?"라는 질문에

"요즘은 다 놀이 중심이에요. 다 비슷비슷하죠."라는 대답이 돌아왔다.

현수가 어떤 아이인지 묻지도 않고,

그저 혜택만 나열했다.

"선착순 열 명은 기념사진 무료입니다."

그때 깨달았다.

이곳의 중심은 아이가 아니라 마케팅이었다.

나는 정중히 인사하고 자리에서 일어났다.

그리고 다시는 연락하지 않았다.

아이의 하루를 사은품으로 시작할 수 없기 때문이다.

"상담 내내 원장님은 마음이 불안해 보였어요."
윤미정, 38세, 세아 엄마

상담은 진행되고 있었지만,
어딘가 마음이 자꾸 불편했다.
원장님의 표정에는 미소가 있었지만, 그 미소는 조금 조급해 보였다.
시선은 자주 교실 쪽으로 향했고, 손끝은 쉴 틈이 없었다.
교사에게 무언가를 지시하며 내 이야기를 여러 번 끊었다.

"요즘 아이들은 금방 익숙해져요."
짧은 말로 상담이 마무리되었다.
하지만 이상하게도 마음은 놓이지 않았다.
말의 내용보다 말하는 표정과 눈빛, 그리고 숨결의 속도가 더 크게 남았다.

그 안에는 따뜻한 신뢰보다 조급함과 긴장이 묻어 있었다.
집으로 돌아오는 길, 세아가 조용히 말했다.
"엄마, 원장님은 나 별로 안 좋아하는 것 같아."
나는 대답을 하지 못했다.
그 말 한마디가 모든 걸 설명하고 있었기 때문이다.

아이의 감각은 어른보다 훨씬 정직하다.

불안한 어른에게서 아이는 온기를 느낄 수 없다.

그날 이후 나는 깨달았다.

좋은 원은 시설보다 표정이 따뜻한 곳,

설명보다 눈빛이 편안한 곳이라는 사실을.

"아이보다 경쟁을 강조하셨어요."
한소민, 40세, 민호 엄마

"우리 원 친구들은 초등학교에 가면 상위권이에요."
"입학 전에는 한글과 수학을 모두 끝냅니다."
그 말들은 칭찬처럼 들렸지만,
이상하게 마음은 편하지 않았습니다.

내가 바라던 건 '잘하는 아이'보다
'즐겁게 배우는 사람'으로 자라는 것이었는데,
그 마음이 '비교'와 '속도'라는 말들 앞에서
조금씩 작아지는 느낌이 들었습니다.
조심스레 물었습니다.
"그럼 놀이 중심 교육은 어떻게 운영하시나요?"
원장님은 망설임 없이 대답하셨습니다.
"놀이도 하지만, 교재 활동이 더 중요하죠."
짧은 대답 속에서
'행복한 하루'보다 '빠른 성취'를 더 중요하게 여기는 공기가 느껴졌습니다.

그 순간, 마음속에서 조용히 선이 그어졌습니다.
이곳은 민호의 미소가 오래 머물 수 있는 곳이 아니라는 걸 알았습니다.

나는 민호가 배우는 속도보다,

배움을 좋아하는 마음을 지켜 주고 싶었습니다.

조금 느리더라도 스스로 깨닫는 기쁨,

놀이 속에서 자신을 발견하는 그 눈빛을 잃게 하고 싶지 않았습니다.

집으로 돌아오는 길, 창밖을 바라보며 생각했습니다.

"앞서가는 사람보다, 웃으며 배우는 사람으로 자라면 좋겠다."

결국 제 선택의 기준은 변하지 않았습니다.

행복이 먼저인 곳,

그 한 문장이 제 답이 되었습니다.

"선생님들이 너무 무서웠어요."

장유진, 32세, 서윤 엄마

문을 열자 공기가 이상하게 무거웠다.
웃음소리 대신 교사들의 단호한 목소리가 먼저 들려왔다.
"조용히 해요."
"줄 서세요."
말투에는 따뜻함보다 긴장감이 묻어 있었다.

작은 인사조차 건네는 사람은 없었다.
서윤이는 내 손을 꼭 잡고 떨어지지 않았다.
그 작은 손끝에서 불안이 전해졌다.
"분위기는 어떤가요?" 내가 조심스레 묻자,
원장님은 망설임 없이 말했다.
"저희는 규칙을 잘 지키는 걸 중요하게 가르칩니다."
그 말 한마디에 이 원의 분위기가 모두 설명되었다.

하루의 주인공보다 질서가 먼저였고,
미소보다 통제가 더 익숙한 공간이었다.
상담이 끝나고 돌아가는 길,
서윤이가 내 옆에서 조용히 속삭였다.

"엄마, 거기 선생님들 무서워."
그 말이 전부였다.
어린 마음은 설명보다 빠르고,
부모의 눈보다 먼저 진심을 알아챈다.

나는 그날 깨달았다.
좋은 원은 프로그램이 많은 곳이 아니라,
마음이 편히 숨 쉴 수 있는 곳이라는 것을.
유아의 불안이 알려준 답은 단순했다.
따뜻함이 없는 공간에는 배움도 자라지 않는다.

"교실을 보여주지 않았어요."

오지현, 37세, 태경 엄마

"교실은 수업 중이라 문 앞에서만 보세요."
원장님의 말이 끝나기가 무섭게 문이 살짝 열렸다.
짧은 몇 초 동안 내가 본 것은
교사들의 바쁜 발걸음, 가지런히 놓인 교구,
그리고 고요하게 앉아 있는 아이들의 뒷모습뿐이었다.

문은 금세 닫혔고, 마음에는 묘한 거리감이 남았다.
나는 조심스레 물었다.
"혹시 CCTV로 수업 모습을 볼 수 있을까요?"
원장님은 미소를 지으며 대답했다.
"내부 정책상 부모님께는 공개하지 않습니다."
그 말은 규정보다 '벽'처럼 느껴졌다.
아이의 하루가 보이지 않는 곳에서 흘러간다는 생각에
안심보다 막막함이 먼저 찾아왔다.

직접 봐야 알 수 있는 아이의 표정,
그 웃음과 눈빛이 가려진 듯했다.
닫힌 문 하나가 이렇게 마음을 멀게 할 줄 몰랐다.

그날 이후 나는 알게 되었다.

좋은 원은 시설이 아니라,

부모가 안심하고 아이를 떠올릴 수 있는 공간이라는 것을.

"부모를 평가하는 말투였어요."
김유라, 41세, 다온 엄마

"적응 기간 동안 제가 잠깐 함께 있어도 될까요?"
나는 조심스레 물었다.
처음이라 불안했고, 혹시 낯선 환경에 힘들어할까 걱정됐다.
원장님은 미소를 지었지만, 그 웃음엔 묘한 거리감이 있었다.
"요즘 부모님들 너무 예민하세요. 다 알아서 잘 적응합니다."
순간 얼굴이 화끈거렸다.
괜히 지나치게 걱정하는 엄마가 된 것 같았다.

상담 내내 원장님은 같은 말을 반복했다.
"부모님이 불안하니까 아이도 불안해지는 거예요."
맞는 말일 수도 있지만,
그 말엔 공감의 숨결이 없었다.
위로보다 지적에 가까운 말투였고,
이해받기보다 평가받는 기분이 들었다.
그날 상담실을 나서며 마음이 한없이 작아졌다.
'이곳은 부모를 이해하려는 곳이 아니라,
부모를 판단하는 곳이구나.'
그 생각이 내 발걸음을 멈추게 했다.

나는 결국 등록을 포기했다.

아직 어린 자녀보다,

먼저 손을 내밀어야 할 사람은 부모일지도 모른다.

부모의 마음을 품지 못하는 곳에서

어떻게 한 존재의 마음이 자랄 수 있을까.

진짜 좋은 원은

부모의 불안을 탓하지 않고,

그 마음을 함께 품어 주는 곳이다.

그 따뜻한 한 문장이

한 아이의 세상을 바꿔놓을 수 있으니까.

"원장님의 말씀이 너무 많아서 숨이 막혔어요."
김나영, 36세, 지후 엄마

처음에는 열정적인 분이라고 생각했다.
하지만 상담이 시작된 지 10분도 지나지 않아, 숨이 막히기 시작했다.
원장님은 미리 정해진 대본을 읽듯 쉼 없이 말을 이어갔다.
"우리 원은 철학이 확실하고요, 프로그램도 다양합니다."
"요즘 부모들이 특히 만족하는 부분이…"
말은 흘러넘쳤지만,
그 안엔 나와 아이를 향한 질문이 없었다.

나는 조심스럽게 물었다.
"혹시 담임 선생님이 아이의 하루를 어떻게 보살펴 주시나요?"
그러자 내 질문이 끝나기도 전에 또 다른 설명이 이어졌다.
그 순간, 대화가 아니라 발표를 듣고 있는 기분이 들었다.

아이를 이해하려는 시선보다,
원장을 돋보이게 하려는 완벽한 설명이 더 앞서 있었다.
상담이 끝난 뒤, 지후가 내 손을 잡고 말했다.
"엄마, 원장님은 우리 얘기 안 듣는 것 같아."
그 한마디가 모든 걸 대신했다.

나는 그날 처음으로 깨달았다.

좋은 교육의 시작은 '말하는 능력'이 아니라 듣는 마음이라는 것을.
설명보다 경청이 깊은 곳,
그곳이 아이와 부모가 함께 숨 쉴 수 있는 진짜 공간이다.

PART 8

유보통합의 길에서 만나는 아이의 미래

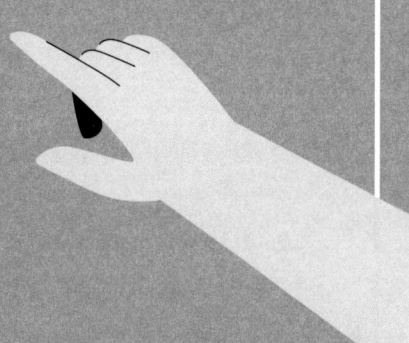

"유치원에 보낼까, 어린이집이 나을까…"
아마 아이를 키워 본 사람이라면 누구나 한 번쯤 품어 본 고민일 것입니다.
누군가는 "유치원이 더 교육적이다."라고 말하고,
또 누군가는 "어린이집이 더 따뜻하다."라고 말합니다.
주변의 조언은 넘쳐나지만,
많은 이야기 속에서도 정답은 쉽게 보이지 않습니다.
어떤 이는 "조기교육이 중요하다."라고 하고,
또 다른 이는 "아직은 놀면서 자라야 한다."라고 말합니다.

생각이 부딪힐수록 마음은 더 혼란스러워지고,
검색창에 '유치원 vs 어린이집'을 입력하며
밤늦게까지 비교의 길을 헤맵니다.
하지만 화면 속 수많은 정보와 후기에도 불구하고,
가슴 한켠에는 여전히 물음표가 남습니다.
그때, 요즘 부모들의 머릿속에 자주 떠오르는 단어 하나가 있습니다.
바로 '유보통합(幼保統合)'입니다.

뉴스에서도, 상담 자리에서도 이런 이야기가 들립니다.
"이제 유치원과 어린이집이 하나로 통합된대요."
그 말에 많은 이들이 되묻습니다.
"그럼 유치원은 없어지는 건가요? 어린이집은요?"
"도대체 어떻게 바뀐다는 거예요?"
이 질문 안에는 단순한 호기심뿐만 아니라.
'우리 아이의 하루는 어떻게 달라질까.' 하는
작은 걱정과 두려움이 함께 숨어 있습니다.

그래서 이 마지막 장에서는
제도의 언어가 아닌, 마음의 언어로 유보통합을 이야기하려 합니다.
법보다 사람의 온도, 정책보다 일상의 눈높이에서
우리가 함께 걸어가야 할 방향에 대해, 이야기 나누고자 합니다.

끊어진 하루를 이어주는 손

그동안 유치원은 교육부가, 어린이집은 보건복지부가 각각 관리해 왔습니다.
한 아이가 태어나 초등학교에 들어가기 전까지,
두 제도 속에서 서로 다른 방식으로 돌봄과 배움을 받아온 셈입니다.

만 2세에는 어린이집, 만 5세에는 유치원으로 옮겨 다니며
새로운 교사, 낯선 친구, 익숙하지 않은 규칙에 다시 적응해야 했습니다.

어른에게는 자연스러운 과정처럼 보여도,
어린 마음에는 매번 작고 아픈 이별이 반복되었습니다.
유보통합은 바로 이 '끊어진 하루를 잇는 일'입니다.

보육과 학습이라는 이름으로 나뉘었던 시간을
사랑과 성장이 이어지는 하나의 흐름으로 되돌리는 일이지요.

행정의 통합을 넘어
유아의 정서적 연속성을 보장하는 약속─
그것이 유보통합의 진정한 의미입니다.

일상의 리듬이 끊기지 않고 부드럽게 이어질 때,
아이들은 비로소 안정감을 느낍니다.

교사가 바뀌어도 마음의 방향이 이어지고,
친구가 달라져도 놀이의 결이 유지되는 곳,
그곳에서 진짜 유보통합이 시작됩니다.

연결이 교육이 될 때

유보통합은 단순히 간판이 바뀌는 일이 아닙니다.
'○○유치원'이 '○○유아학교'로 이름을 바꾸는 것이 아니라,
공간을 바라보는 철학의 관점이 달라지는 것입니다.
예전에는 "유치원은 배우는 곳, 어린이집은 돌보는 곳"으로 구분했습니다.
그러나 오늘의 아이들은 경계를 이미 넘어섰습니다.
놀이 속에서 배우고, 배우는 순간에도 돌봄을 느끼는 아이들.
그들에게는 배우는 시간과 쉬는 시간이 따로 없습니다.

이제 '유치원과 어린이집'은 모두 첫 번째 학교,
즉 **'영유아학교'**가 되어야 합니다.
그곳에서 교사는 단순히 보살피는 존재가 아니라
마음을 관찰하고, 성장을 돕는 전문가로 존중받아야 합니다.
부모는 교사를 '보육자'가 아닌 '첫 번째 스승'으로 바라보아야 합니다.
부모의 눈빛이 교사를 믿는 순간,
아이의 마음에 "세상은 괜찮은 곳이야."라는 믿음이 전해집니다.

유보통합은 이름의 합쳐짐이 아니라 관계의 성숙입니다.
배움과 돌봄의 경계를 허물어
'사람을 키우는 공간'으로 나아가는 교육의 진화입니다.

유보통합 시대, 질문을 바꾸다

이제는 질문이 달라져야 합니다.
"유치원이냐, 어린이집이냐."가 아니라,
"우리 아이에게 어떤 하루가 어울릴까?"
유보통합의 본질은 제도의 통합이 아니라,
하루를 이해하는 **관점의 전환**입니다.

기질, 성향, 발달 속도에 따라
더 행복하게 자랄 수 있는 환경은 모두 다릅니다.
어떤 아이는 조용한 교실에서 마음의 안정을 얻고,
어떤 아이는 활발한 놀이 속에서 자신을 발견합니다.

이제 중요한 것은 간판이 아니라, 하루의 생활입니다.
좋은 기관은 시설의 규모가 아니라
교사의 말투와 표정, 마음의 온기에서 드러납니다.

아이들이 자유롭게 이야기하고,
교사가 그 이야기에 귀 기울이며 미소 짓는 교실
그곳이야말로 진짜 좋은 곳입니다.

유보통합은 부모의 선택을 제한하는 제도가 아닙니다.
오히려 본질을 이해하도록 부모의 시선을 바꾸는 계기입니다.

이제 선택의 중심은 '기관'이 아니라 '하루'입니다.
그 하루가 얼마나 따뜻하고, 자연스럽고, 사랑으로 이어지는가—
그 질문이 바로 유보통합 시대의 새로운 출발점입니다.

성장은 조화로, 마음은 통합으로

"이제 유치원으로 옮긴대요."
어른에게는 그저 자연스러운 성장의 과정처럼 들릴 수 있지만,
어린 존재에게는 세상이 한 번 바뀌는 일입니다.
낯선 교실, 새 친구들, 다른 교사, 바뀐 일과표….
어른들은 "금방 적응할 거야."라고 말하지만,
그 마음속에서는 이미 작은 이별이 시작됩니다.

손에 익은 장난감, 이름만 불러도 웃던 친구,
매일 안아 주던 선생님과의 작별—
그 모든 것이 한 세계였습니다.
'유보통합'은 바로 그 작은 상처를 줄여주는 제도입니다.

한 공간 안에서 성장하고,
교사와 일상의 흐름이 자연스럽게 이어지는 구조.
그 속에서 유아는 불안 대신 신뢰의 감정을 배우게 됩니다.
아침에 교실 문을 열면,
어제의 교사께서 같은 미소로 반겨 주시고,
함께 놀던 친구가 오늘도 같은 자리에 서 있는 풍경.

이 익숙한 하루가 속삭입니다.

"괜찮아, 여기는 네가 알던 세상이야."

그 믿음은 자존감을 세우고,

세상을 향한 첫 용기를 키워 줍니다.

유보통합은 단순한 행정의 변화가 아니라

유아의 마음을 지켜 주는 가장 인간적인 변화입니다.

결국 중요한 것은 제도의 통합이 아니라 성장의 조화입니다.

하루의 리듬이 끊기지 않고 자연스럽게 이어질 때,

아이들은 그 속에서 안정감을 배우고,

사랑을 신뢰로, 신뢰를 용기로 바꾸어 갑니다.

부모가 바뀌면 아이의 세상도 달라진다

35년 동안 현장에서 부모교육을 하며 한 가지를 분명히 깨달았습니다.
좋은 교육은 제도나 기관의 규모에서 비롯되지 않습니다.
그 출발점은 언제나 평안한 마음을 가진 어른에게서 시작됩니다.
가정의 마음이 불안하면 그 불안은
고스란히 아이의 언어와 표정으로 옮겨집니다.
"괜찮을까?", "잘 지낼까?"
이 짧은 물음 안에도 떨림이 스며 있고,
그 진동을, 아이의 마음은 그대로 받아들입니다.

반대로 신뢰와 사랑으로 교사와 기관을 바라보면,
그 믿음이 곧 자녀에게 심리적 울타리가 되어줍니다.
유보통합의 시대는 교사를 평가하는 시대가 아니라,
교사와 함께 배우는 시대입니다.
존경의 시선으로 교사를 바라볼 때,
그 눈빛 속에서 유아는 '학교에 대한 공감'을 배우기 시작합니다.

가정의 마음이 변하면, 아이의 세상도 달라집니다.
결국 유보통합의 핵심은 행정이 아니라, 마음의 변화입니다.

유보통합 시대의 '좋은 기관'이란

좋은 기관은 화려한 건물이나 프로그램보다
유아의 마음을 따뜻하게 품어 주는 곳입니다.

아침에 문을 열고 들어서는 어린 존재에게
교사가 눈을 맞추며 "오늘도 반가워요."라고 인사해 주는 곳,
울음을 터뜨린 작은 어깨를
"괜찮아요, 마음이 놀랐구나." 하며 조용히 안아 주는 곳.
그런 공간에서 하루는 평안하게 시작됩니다.
놀이 시간에는 웃음이 교실을 채우고,
교사는 지도자가 아니라 함께 놀아주는 동행자가 됩니다.
"이건 이렇게 해야 해."가 아니라
"어떻게 하면 좋을까?"를 묻는 한마디 속에서
유아는 스스로 생각하고, 자존감이 자랍니다.

하원길에 "오늘 즐거웠어요."라는 인사가
자연스럽게 흘러나오는 곳,
교사가 부모님께
"오늘은 친구와 웃으며 그림을 그렸어요."라고 전해 드리는 곳.

그곳에는 신뢰와 사랑의 공기가 흐릅니다.

좋은 기관은 결국 관계의 온도로 완성됩니다.
교사와 부모가 서로를 믿고,
한 생명을 중심에 두고 함께 걸어갈 때,
그 하루는 성장으로 이어집니다.

유보통합 시대의 진짜 좋은 기관은,
배움보다 사람을 먼저 생각하는 곳,
작은 다정함이 내일의 희망을 키워 주는 곳입니다.

부모는 소비자가 아닌 동반자

유보통합의 시대, 가정은 더 이상 '좋은 곳을 선택하는 소비자'가 아닙니다.
이제는 하루의 주인공을 함께 키워가는 교육의 동반자입니다.

교육은 교실 안에서만 이루어지지 않습니다.
아침에 아이를 깨우며 건네는 다정한 한마디,
등원길에 나란히 걷는 짧은 시간,
교실에서 선생님이 들려주는 격려의 말.
이 모든 순간이 모여 하루의 온도를 만듭니다.

선생님은 전문성으로 발달을 돕고,
가정은 사랑으로 마음을 지켜 줍니다.
이 두 마음이 같은 방향을 향할 때,
어린 존재는 안정감을 느끼고 세상을 향한 신뢰를 배웁니다.

집에서 선생님을 믿는 눈빛으로 아이를 바라볼 때,
그 시선 속에서 아이는 자연스레 깨닫습니다.
"세상은 괜찮은 곳이야."
그 믿음이 다시 교실로 전해지고,

현장의 어른들 또한 한층 따뜻해집니다.
이렇게 가정과 현장은 서로의 마음을 비추는 거울이 됩니다.
유치원과 어린이집은 이제 '서비스 기관'이 아닙니다.

가정과 손을 맞잡고 함께 성장하는 교육 공동체가 되어야 합니다.
경계를 넘어 마음을 나눌 때,
그 사이에서 아이는 사랑을 배우고
세상에 대한 신뢰를 키워갑니다.

결국 유보통합의 핵심은 제도가 아니라 관계의 연결입니다.
가정과 현장이 함께 웃고, 함께 걱정하며
하루의 이야기를 나눌 수 있을 때,
그곳이 바로 가장 따뜻한 성장의 공간,
진짜 좋은 기관입니다.

익숙한 하루가 아이를 단단하게 만든다

익숙한 하루가 아이를 단단하게 만든다.
어떤 제도보다 중요한 것은 하루하루를 살아가는 '한 존재의 시간'입니다.
정책은 복잡해 보이지만, 그 안에 담긴 뜻은 단순합니다.
"사랑받으며 자라게 하자."
그동안 아이들은 나이와 행정의 경계 속에서
여러 기관을 옮겨 다니며 낯선 환경에 계속 적응해야 했습니다.

교실의 냄새가 바뀌고, 교사의 말투가 달라지고,
친구의 이름이 달라질 때마다
어린 마음에는 작은 불안이 쌓였습니다.
어른에게는 단순한 이동이지만,
아이에게는 익숙한 세상을 잃는 일에 가까웠습니다.

이 변화의 방향이 필요한 이유는 여기에 있습니다.
끊어졌던 마음을 다시 이어주는 따뜻한 다리,
그 다리가 바로 새로운 체계가 바라는 모습입니다.
아침에 문을 열면 어제의 교사가 같은 미소로 맞아주고,
어제 함께 놀던 친구가 내일도 같은 자리에서 손을 흔듭니다.

하루의 흐름이 바뀌지 않고,
교사가 오래 지켜봐 주는 곳
그곳에서 아이는 '세상은 안전하다.'는 감각을 배웁니다.

이 변화는 행정을 위한 개편이 아니라
유아의 평안을 위한 약속입니다.
하루가 자연스럽게 이어지고
반복되는 일상 속에서 마음이 단단해질 때,
비로소 그 약속이 완성됩니다.
완성의 기준은 서류가 아니라 아이의 표정 속에 있습니다.

어제와 같은 교사, 같은 친구, 같은 미소가 있는 곳
그 익숙한 하루 속에서 아이는 행복을 배우고,
그 행복이 내일의 용기를 키워갑니다.
이름이나 제도가 바뀌어도,
부모의 사랑과 마음은 변함이 없습니다.
그 사랑이야말로 앞으로의 시대를 지탱하는
가장 단단한 뿌리입니다.

유보통합은 제도가 아닌 사람의 이야기다

유보통합은 정부가 만드는 제도일지 모르지만,
그 의미를 완성하는 주체는 부모와 현장의 어른들입니다.
법이 아니라 사람의 마음이 이 변화를 현실로 만들어갑니다.
부모가 자녀를 믿고, 선생님을 신뢰하며,
기관과 함께 걸을 때 유보통합은 이미 시작됩니다.

이 변화는 거창한 개혁이 아닙니다.
커다란 정책보다 더 깊은,
작은 마음의 변화에서 비롯되는 조용한 혁명입니다.

오늘 아침, 손을 잡고 등원길을 걸으며
"오늘도 즐겁게 놀고 오렴." 하고 미소 지었다면,
그 순간 이미 유보통합은 실현되고 있는 셈입니다.

현장의 어른과 부모의 마음이 같은 방향을 바라볼 때,
그 하루는 아이에게 세상을 신뢰하는 연습이 됩니다.
유보통합은 서류를 합치는 일이 아니라
생활이 끊기지 않도록 이어주는 마음의 다리입니다.

그 다리의 첫 기둥은 부모의 사랑,
두 번째 기둥은 선생님의 헌신입니다.
그리고 그 위를 걸어가는 작은 발걸음—
그 한 걸음 한 걸음이 바로 미래의 유아학교가 만들어내는 기적의 씨앗입니다.

결국 유보통합은 제도의 이름이 아니라 사람의 이야기입니다.
부모의 사랑, 선생님의 따뜻한 눈빛,
그리고 어린아이의 웃음이 이어질 때
그 다리는 더욱 단단해지고, 세상은 한층 더 따뜻해집니다.

가이드 8

유보통합: Q & A

① Q. "유보통합이 정확히 뭐예요? 유치원이랑 어린이집이 하나가 된다는 뜻인가요?"

A. 네, 맞습니다. 하지만 단순히 간판이 하나로 바뀌는 일만을 의미하지는 않습니다.

그동안 유치원은 교육부가, 어린이집은 보건복지부가 따로 관리해 왔습니다.
만 2세에는 어린이집, 만 5세에는 유치원으로 옮겨 다니며 새로운 교사, 낯선 친구, 익숙하지 않은 규칙에 계속 적응해야 했지요.
어른들에게는 자연스러운 성장 과정처럼 보이지만, 아이의 입장에서는 매번 작고 아픈 이별의 반복이었습니다.
유보통합은 보육과 배움이라는 이름으로 나뉘었던 시간을 사랑과 성장이 이어지는 하나의 흐름으로 되돌리는 일입니다.
즉, 행정의 통합이 아니라 아이의 마음을 안정시키는 제도라고 할 수 있습니다.

② Q. "그럼 유치원은 없어지는 건가요? 어린이집도 사라지는 건가요?"

A. 아닙니다. '없어진다'기보다, 새로운 형태로 함께 자라난다고 보는

것이 맞습니다.

유치원과 어린이집은 각자의 장점을 품은 채, 이제는 '영유아학교'라는 이름으로 함께 발전해 갈 것입니다.

중요한 것은 간판이 아니라 그 안의 철학과 시선입니다.

예전에는 "유치원은 배우는 곳, 어린이집은 돌보는 곳"으로 나누어 생각했죠.

하지만 오늘의 아이들은 그 경계를 이미 넘어섰습니다.

놀이 속에서 배우고, 배우는 순간에도 돌봄을 느끼는 존재이기 때문입니다.

유보통합은 이름이 합쳐지는 것이 아니라, 관계가 성숙해지는 과정입니다.

배움과 돌봄이 함께 어우러지는 공간,

아이를 사람답게 키우는 첫 번째 학교로 나아가기 위한 변화입니다.

③ Q. "유보통합이 되면 우리 아이에게는 뭐가 달라지나요?"

A. 가장 큰 변화는 정서적 안정감입니다.

하나의 공간 안에서 돌봄과 배움이 자연스럽게 이어집니다.

아침에 문을 열면 어제와 같은 교사의 미소가 맞이하고,

함께 놀던 친구가 같은 자리에 서서 반갑게 인사합니다.

그 익숙함 속에서 유아는 "여기는 내가 아는 곳"이라는 안도감을 느낍니다.

점심시간의 음식 냄새, 놀이터의 모래 촉감,
교사가 부르는 이름의 어조까지 어제와 이어질 때,
그 마음은 세상이 '예측 가능한 곳'임을 배우게 됩니다.
예측 가능함은 안정으로, 안정은 신뢰로 이어집니다.
유보통합은 바로 그 신뢰를 만들어 주는 제도입니다.
하루의 리듬이 바뀌지 않고 마음의 결이 끊기지 않는 환경 속에서,
유아는 불안 대신 소속감을 배우고, 작은 변화에도 흔들리지 않는
내면의 힘을 키웁니다.
익숙한 얼굴, 따뜻한 손길, 반복되는 일상의 향기 속에서
그들은 비로소 세상을 향한 첫 용기를 내게 됩니다.
"내가 있는 이곳은 안전해."
그 믿음이 유보통합이 선사하는 가장 큰 변화입니다.

④ Q. "유치원은 배우는 곳, 어린이집은 돌보는 곳이라고 생각했는데요.
이제는 다 똑같아지나요?"

A. 예전에는 그렇게 구분하는 것이 보편적이었습니다.

어른의 기준으로 보면 "유치원은 배우는 곳, 어린이집은 돌보는 곳"
이 분명한 구분처럼 보였습니다.
하지만 지금의 유아들은 그 경계 안에서 자라지 않습니다.
하루의 흐름 속에서 '배움'과 '돌봄'은 따로 흘러가지 않습니다.
블록을 쌓으며 균형을 배우고, 그림을 그리며 마음을 표현하고, 친

구에게 "같이 놀자."라고 말하며 사회성을 익힙니다.

놀이는 배움이 되고, 배움은 곧 돌봄이 됩니다.

유아에게는 "지금은 배우는 시간", "지금은 쉬는 시간"이라는 구분이 없습니다.

모든 순간이 이어지고, 모든 경험이 마음의 성장으로 쌓입니다.

그래서 유보통합은 단순히 제도의 이름이 바뀌는 일이 아니라,
아이를 바라보는 어른의 시선이 바뀌는 일입니다.

'무엇을 가르치느냐'보다 '어떤 마음으로 함께 있느냐'를 묻는 시대가 온 것입니다.

이제는 유치원과 어린이집을 구분 짓는 시대가 아니라, 하루 전체가 배움의 학교가 되는 시대입니다.

아침에 교사가 반가운 눈빛으로 맞이하고, 점심시간에는 따뜻한 손길로 밥을 떠주며, 놀이터에서는 함께 웃고 넘어져 주는 모든 순간―
그 하루가 곧 배움이며, 사랑의 수업입니다.

결국 유보통합이 말하는 변화는 '제도의 통합'이 아니라 하루를 온전히 품어 주는 마음의 통합입니다.

⑤ **Q. "그럼 부모는 어떤 기준으로 선택해야 할까요? 여전히 고민돼요."**

A. 정말 좋은 질문입니다.

부모의 마음은 언제나 같습니다.

아이에게 조금이라도 더 좋은 곳, 더 따뜻한 곳을 찾고 싶은 마음,

비교표를 만들고, 후기 글을 밤늦게까지 찾아보는 노력도 이어집니다.
하지만 이제 질문을 조금 바꿔야 합니다.
"유치원이냐, 어린이집이냐?"가 아니라
"우리 아이에게 어떤 하루가 어울릴까?"라고요.
좋은 기관은 건물의 크기나 프로그램의 수보다, 하루의 경험과 교사의 마음에서 드러납니다.

⑥ Q. "유보통합이 되면 부모의 역할도 달라지나요?"

A. 네, 많이 달라집니다.

이제 가정은 더 이상 '서비스를 받는 손님'이 아닙니다.
하루를 함께 만들어가는 진짜 동반자가 됩니다.
집에서 건네는 다정한 한마디,
교실에서 들려오는 선생님의 격려 한마디—
그 두 마음이 이어질 때 아이의 하루는 훨씬 단단해집니다.
가정의 따뜻한 관심이 현장의 노고와 맞닿을 때,
어린 존재의 하루는 사랑으로 완성됩니다.
현장의 어른은 전문성으로 성장을 돕고, 가정은 사랑으로 마음을 품습니다.
이 두 시선이 같은 방향을 향할 때, 아이들은 세상을 신뢰하는 법을 배웁니다.
유보통합의 시대는 더 이상 행정의 이름이 아니라,

가정과 현장이 함께 배우고 성장하며 유아를 중심으로 서로를 이해하는 시대입니다.

⑦ Q. "결국 유보통합의 진짜 의미는 뭐라고 생각하세요?"
A. 겉으로 보면 유보통합은 제도의 개혁처럼 보입니다.
하지만 본질은 행정이 아니라 마음의 연결입니다.

그동안 유아의 하루는 유치원과 어린이집이라는 이름 아래 조각난 듯 나뉘어 있었습니다.
하루의 흐름이 끊기고, 교사가 바뀌며, 친구의 얼굴도 놀이의 결도 달라졌습니다.
어린 존재에게는 작은 이별이 반복된 셈이지요.
유보통합은 그 끊어진 마음을 다시 이어주는 다리입니다.
서류를 합치는 일이 아니라, 사랑받으며 성장할 수 있는 하루를 만드는 일입니다.
그 다리의 첫 기둥은 부모의 마음,
두 번째 기둥은 교사의 헌신,
그 위를 천천히 걸어가는 유아의 발걸음입니다.

세 기둥이 흔들리지 않으면, 그 위에서 아이들은 믿음과 안정 속에 자랍니다.
유보통합의 중심에는 '정책'이 아니라 '사람'이 있습니다.

부모의 사랑이 자녀를 감싸고, 교사의 전문성이 그 사랑을 구체화하며,
유아의 웃음이 그 모든 것을 완성합니다.

결국 유보통합이란 행정이 하나로 합쳐지는 일이 아니라, 마음이 하나로 이어지는 일입니다.
아침마다 작은 손을 잡고 등원길에 오르며
"오늘도 즐겁게 놀고 와요."라고 말하는 순간,
이미 유보통합은 시작되고 있습니다.
그 따뜻한 온기 속에서 우리는 모두 한 방향을 바라보며 미래의 다리 위에 서 있습니다.

에필로그

불안의 시대를 사는 부모들에게

이 글을 끝까지 읽어 주셔서 진심으로 감사드립니다.

저는 남자이지만, 청주사범대학교 유아교육과를 졸업하고,
13년 동안 7세 반 담임교사로 아이들과 하루하루를 살아왔습니다.
그 시간 동안 수많은 부모님을 만났습니다.
아이의 웃음을 지켜 주고 싶어 하면서도, 하루에도 몇 번씩 마음이 흔들리는 부모님들.

그래서 저는 압니다.
유치원과 어린이집을 선택한다는 일이 얼마나 많은 용기와 불안을 품고 있는지.

내 삶의 큰 줄기는 언제나 유아교육이라는 길 위에 놓여 있었습니다.
인생의 많은 계절을 아이들의 손끝과 눈빛 속에서 지나왔습니다.
지금도 김일태연구소 산하 전국 유치원과 어린이집을 찾아가 교육을 하고,
아이들과 눈을 맞추며, 원장님과 교사들을 위한 강의를 이어가고 있습니다.
또 매달 부모와 아이의 행복을 주제로 글을 씁니다.

이 책은 단순한 선택 가이드가 아닙니다.
부모의 불안이 평안으로 건너가는 여정을 함께한 기록입니다.
교수로서, 연구자로서, 그리고 매일 유아를 마주하는 한 사람으로서
저는 단 하나의 마음으로 살아왔습니다.
"아이를 키운다는 것은, 부모의 마음을 함께 키우는 일이다."

제 박사학위 논문에는 '불안(Anxiety)'이라는 단어가 자주 등장합니다.
하지만 그것은 학문이 아니라 사랑의 다른 이름이었습니다.
사랑하지 않으면 불안하지 않습니다.
불안은 약함이 아니라, 사랑이 깊다는 증거이며, 책임의 또 다른 표현입니다.

요즘 저는 딸과 사위를 바라보며 그 마음을 더욱 실감합니다.
하루를 쉼 없이 견뎌낸 지친 몸으로 아이를 품에 안고,
퇴근 후에도 작은 얼굴 앞에서 웃음을 잃지 않으려 애쓰는 모습.

그 장면은 제게 한 가지 진리를 가르쳐 줍니다.
"사랑은 완벽이 아니라, 지속이다."
내 마음이 지쳐도 웃음을 잃지 않고, 불안 속에서도 품어 주는 사랑의 지속성.
그것이 바로 부모의 위대함입니다.
세상의 모든 부모는 불안합니다.
성장을 믿고 싶지만, 세상은 너무 빠르게 변하고 정보는 넘쳐납니다.
어제의 선택이 오늘의 후회가 될까 두렵습니다.

그러나 기억하십시오.

당신의 불안은 결코 혼자가 아닙니다.

이 책을 읽는 수많은 부모가 지금 이 순간,

같은 마음으로 자녀를 걱정하고 있습니다.

모두가 불안 속에서 사랑을 배우고, 사랑 속에서 조금씩 단단해지고 있습니다.

그러니 괜찮습니다.

그 불안은 당신이 진심으로 자녀를 사랑하고 있다는 증거입니다.

다만, 그 불안을 자녀 앞에서는 믿음으로 바꾸어 주십시오.

"괜찮아, 너는 잘할 거야."

"엄마는 네가 행복하면 그걸로 충분해."

이 짧은 문장들이 아이에게는

세상을 견디는 첫 언어가 됩니다.

유치원과 어린이집을 고른다는 것은

단순히 기관을 선택하는 일이 아닙니다.

어떤 세상을 자녀에게 보여줄지를 결정하는 일입니다.

가정이 교사를 믿는 순간,

아이들은 '세상은 나를 사랑한다'는 확신을 배웁니다.

가정이 원을 신뢰하는 순간,

그 믿음은 세상을 향한 첫 용기가 됩니다.

저는 오랜 시간 현장을 보며 깨달았습니다.
대부분의 유치원과 어린이집은
사랑 하나로 오늘을 견디는 공간임을.

새벽같이 출근해 작은 손을 잡아주는 교사들,
"오늘도 반가워요."라는 웃음 속에는
어떤 제도보다 깊은 헌신이 깃들어 있습니다.
때로는 몇몇 불행한 사건들이
그 진심의 현장을 가려 버리기도 하지만,
그럴 때마다 저는 조용히 기도합니다.

"이 땅의 교사들이 다시 존경받고,
가정이 다시 신뢰를 회복할 수 있기를."
한 번 선택한 원이라면,
그 선택을 끝까지 믿어 주십시오.
상담 자리에서 원장님의 이야기에 귀 기울이고,
교사에게 따뜻한 눈빛을 건네주십시오.
그 한마디의 신뢰가
자녀의 마음에 세상을 믿는 씨앗을 심어줍니다.
유치원과 어린이집은 아이의 첫 학교입니다.
그곳에서 배우는 것은 글자나 숫자가 아니라 '사람'입니다.
아이들은 교사의 손길 속에서 믿음을 배우고,

가정의 시선 속에서 세상을 배웁니다.
그 믿음이 인생의 첫 밑그림이 됩니다.

우리는 모두 누군가의 믿음 속에서 자라났습니다.
이제 그 믿음을 다음 세대에게 물려줄 차례입니다.
"괜찮아, 선생님을 믿어도 돼."
이 짧은 한마디는 위로를 넘어
세상을 향한 가장 따뜻한 사랑의 언어입니다.

유치원과 어린이집을 선택했다면,
이제 그 선택을 사랑으로 지켜 주십시오.
부모의 믿음이 교사의 열정을 피우고,
그 열정은 다시 아이의 웃음이 됩니다.
결국 교육이란,
서로의 마음이 만들어내는 가장 인간적인 예술입니다.

불안한 세상 속에서도
작은 손을 잡고 웃을 수 있는 어른,
그 어른이 바로 이 시대의 진짜 스승입니다.
그리고 그 스승은 다름 아닌,
지금 이 글을 읽고 있는 당신입니다.

이 책을 덮는 지금, 저는 조용히 말씀드립니다.
"부모의 믿음이 자녀의 미래를 만듭니다.
불안이 아닌 사랑으로 건너가십시오.
그리고 당신 자신도 그 사랑 속에서 자라십시오.
그것이 내 자녀를 위한 가장 위대한 교육입니다."